本著是全国教育科学"十四五"规划 2021 年度教育部重点课题"全面效益观视域下教育规划课题管理模式构建研究"（DGA210305）的阶段性成果。

推动教育科研高质量发展的北京实践
——基于北京市教育科学规划课题数据与管理的分析

姜丽萍　庞立场　赵新亮　编著

北京理工大学出版社
BEIJING INSTITUTE OF TECHNOLOGY PRESS

版权专有　侵权必究

图书在版编目（ＣＩＰ）数据

推动教育科研高质量发展的北京实践：基于北京市教育科学规划课题数据与管理的分析 / 姜丽萍，庞立场，赵新亮编著. --北京：北京理工大学出版社，2023.3
　ISBN 978-7-5763-2107-4

Ⅰ. ①推… Ⅱ. ①姜… ②庞… ③赵… Ⅲ. ①教育研究–北京 Ⅳ. ①G40-03

中国国家版本馆 CIP 数据核字（2023）第 028241 号

出版发行 / 北京理工大学出版社有限责任公司	
社　　址 / 北京市海淀区中关村南大街 5 号	
邮　　编 / 100081	
电　　话 / （010）68914775（总编室）	
（010）82562903（教材售后服务热线）	
（010）68944723（其他图书服务热线）	
网　　址 / http://www.bitpress.com.cn	
经　　销 / 全国各地新华书店	
印　　刷 / 保定市中画美凯印刷有限公司	
开　　本 / 710 毫米×1000 毫米　1/16	
印　　张 / 14.25	责任编辑 / 江　立
字　　数 / 214 千字	文案编辑 / 江　立
版　　次 / 2023 年 3 月第 1 版　2023 年 3 月第 1 次印刷	责任校对 / 周瑞红
定　　价 / 108.00 元	责任印制 / 施胜娟

图书出现印装质量问题，请拨打售后服务热线，本社负责调换

序 言
PREFACE

  教育科学研究是教育事业的重要组成部分，对教育改革发展具有重要的支撑、驱动和引领作用。2022年10月，党的二十大胜利召开，二十大将"教育、科技、人才作为全面建设社会主义现代化国家的基础性、战略性支撑"，为首都教育事业发展擘画了行动纲领。首都教育科研战线要认真学习贯彻习近平中国特色社会主义思想和党的二十大精神，贯彻落实习近平总书记关于教育的重要论述和全国教育大会精神，构建首都教育科研发展新格局，继往开来，亟需认真梳理、总结近年来首都教育科研发展的状况，尤其是一个完整规划周期内的教育科学规划课题申报、立项、研究及成果状况。

  "十三五"规划期间，北京市教育科学研究工作在北京市委市政府的领导下，坚持为政府教育决策服务、为提高首都教育现代化水平服务、为提升教育质量服务、为繁荣教育科学服务的指导思想，立足首都教育科研发展实际，不断深化教育科研管理体制机制改革。一方面，加强教育科研顶层设计，充分发挥《规划纲要》与《课题指南》的导向作用，始终坚持正确的科研导向，将落实立德树人根本任务，巩固和发展中国特色社会主义教育理论体系，全面推进教育现代化，办好人民满意的教育，作为全部教育科研工作的服务方向与根本目标。另一方面，创新教育科研管理措施，不断提升教育科研管理的质量和效益。增设"延续课题",鼓励支持重要问题的纵深研究和跟踪研究;依据实际需求设置"研究专项",充分保证重大急难教育问题有效研究;调整经费资助方式,采取"研究资助"和"奖励资助"相结合的管理方式,调动科研人员的积极性;改革成果评价方式,给予研究人员更多的选择权和自主权;改革区县一般课题的立项与管理方式,强化各级、各单位管理职责,形成良性互动的课题管理闭环。

通过规划课题的组织与实施,广大教育工作者紧紧围绕首都教育改革与发展中的基础性、全局性、战略性、前瞻性问题开展研究,在基础理论创新和面向教育实践的应用研究、实验研究等方面取得了一系列重要成果,为提高首都教育决策科学化水平,促进首都教育优质发展、公平发展,完善首都高质量教育体系,办好人民群众满意的首都教育发挥了重要作用。

在本书中,作者对"十三五"时期北京市教育科学规划课题的申报与立项、研究进展与成果、科研管理措施与效果等内容进行了详细阐述,力图从不同维度全面展示首都教育科研发展的进展与成绩。从中窥视首都教育科研战线参与规划课题研究的机构、人员、研究类别、研究选题以及科研进展与成果等状况。全书分为三篇七章,分别为数据分析篇、研究效益篇与管理探索篇。"数据分析篇"共分为三章,通过对课题申报数据、课题立项数据进不同维度的分析,全面展现高校与区、课题申报者与立项者的基本情况;同时,对北京市教育科学规划课题的区域影响力情况进行测评,希冀为各区教育科研高质量发展提供一定参考。"研究效益篇"共分为两章,对申报与立项课题的研究主题进行了聚焦,并对各个研究领域的主要进展进行了概括,力图呈现"十三五"期间课题研究的基本内容与成绩。"管理探索篇"共两章,呈现了北京市教育科学规划课题管理的制度设计与管理举措,同时对部分高校与区级教育科研管理措施进行了总结。

全书由北京教育科学研究院北京市教育科学规划领导小组办公室(以下简

称"规划办")姜丽萍主任统筹策划并指导撰写。规划办庞立场老师承担绪论、数据分析篇与管理探索篇的撰写;北京教育科学研究院高等教育研究所赵新亮老师承担研究效益篇的撰写;东城区教育科学研究院徐昌老师参与了"北京市教育科学规划课题区域影响力测评与比较"的撰写。规划办王萍、曹剑、王一丹、王彬、杨蓓为申报、立项以及结题数据的统计做了大量基础性工作;各高校教育科研管理部门与各区教育规划办对本单位"十三五"期间的课题管理经验进行了深入总结,本书在此基础上收录并整理了部分单位的科研管理经验,在此一并表示感谢。

全面分析展现首都教育科研发展的历程与现状是一项极为复杂的工作,本书对此进行了初步探索,但由于能力水平、时间所限,难免有所疏漏与不当,敬请专家批评指正。

编　者

2023 年 1 月

目录
CONTENTS

绪论   **001**

    一、首都教育科研的发展历程   001

    二、首都教育科研的主要成就   004

PART 1 数据分析篇

第一章　课题申报数据透析首都教育科研发展   **009**

第一节　"十三五"时期教育科学规划课题申报概况   009

    一、课题申报数持续增长，申报规模再创历史新高   009

    二、三个研究方向申报差异巨大，教学实践研究受到热捧   011

    三、十个研究领域申报差异明显，课程教学研究热度超高   012

    四、近年六类课题申报持续增长，青年课题申报数量翻番   013

    五、重大课题申报长期鲜有问津，宏观咨询政策研究乏力   014

第二节　高校与研究机构课题的申报特点   014

    一、申报增长幅度略高于整体情况，2019年增长幅度最大   015

    二、政策和理论研究是绝对主体，教育实践依然受热捧   015

    三、北京师范大学、北京联大、北京电科院分别为所在机构的申报主力   017

    四、科研机构申报各类课题分量均衡，高校偏向重点和青年课题   018

第三节　16区课题的申报特点　　　　　　　　　　　　019
　　一、申报规模分为三个梯队，城区朝阳海淀、郊区大兴顺义
　　　　表现突出　　　　　　　　　　　　　　　　　　019
　　二、非一般课题占五成，中小学教师对其他类型课题需求
　　　　旺盛　　　　　　　　　　　　　　　　　　　　019
　　三、非一般课题申报主要聚焦在海淀和朝阳，平谷延庆表现
　　　　乏力　　　　　　　　　　　　　　　　　　　　023
第四节　教育科研队伍的特点　　　　　　　　　　　　　027
　　一、70后和80后是申报主力军，90后申报增长速度快　　027
　　二、副高职称教师申报积极性高，正高申报占比偏低　　031
　　三、本硕博申报数量相当，优先关注课题本科关注度低　　034

第二章　课题立项数据透析首都教育科研发展　　039

第一节　"十三五"时期教育科学规划课题立项概况　　　　039
　　一、"十三五"时期，北京市教育科学规划课题立项
　　　　整体情况　　　　　　　　　　　　　　　　　　039
　　二、近四年立项规模基本稳定，立项率持续走低　　　039
　　三、教育教学实践研究立项占比超大且立项率相对较高　040
　　四、课程教学评价领域的立项占比高且立项率也高　　042
　　五、重点课题与青年专项课题的立项率偏低　　　　　043
第二节　高校与研究机构课题的立项特点　　　　　　　　044
　　一、高校与科研机构立项总体情况　　　　　　　　　045
　　二、立项单位在三大研究方向维度的特点　　　　　　050
　　三、立项单位在六种课题类别维度的特点　　　　　　052
第三节　16区课题的立项特点　　　　　　　　　　　　059
　　一、各区课题立项总体情况　　　　　　　　　　　　059
　　二、立项课题在三大研究方向维度的特点　　　　　　062
　　三、立项课题在五种课题类别维度的特点　　　　　　063
第四节　立项课题负责人的特点　　　　　　　　　　　　068
　　一、70后、80后是申报主体，60后、70后是立项主体　　068

二、副高职称教师立项数量、立项率"双高" 074

三、本硕博立项总数呈现递减特征，硕博年度立项数基本呈递增趋势 077

第三章 北京市教育科学规划课题区域影响力测评与比较 082

第一节 教育科学规划课题区域影响力的维度 082
一、规划课题区域影响力的维度设计 082
二、教育科学规划课题区域影响力的研究设计 083

第二节 教育科学规划课题区域影响力的现状 085
一、绝对影响力现状 085
二、相对影响力现状 087
三、比较影响力现状 089
四、主题影响力现状 092

第三节 提升规划课题区域影响力的举措 094
一、科学研判规划课题区域影响力之间的差异 094
二、提高规划课题区域影响力的对策建议 095

PART 2 研究效益篇

第四章 "十三五"时期规划课题研究主题与基本进展 099

第一节 "十三五"时期申报与立项课题的研究主题聚焦 099
一、教育宏观战略与政策研究主题聚焦 099
二、教育基本理论与国际比较研究主题聚焦 102
三、教育治理体系研究主题聚焦 104
四、课程、教学、评价改革研究主题聚焦 106
五、学生发展研究主题聚焦 108
六、教育人才队伍建设研究主题聚焦 111
七、教育资源配置与效益研究主题聚焦 113
八、教育信息化研究主题聚焦 115
九、传统文化教育与德育研究主题聚焦 117
十、生态文明教育与可持续发展教育研究主题聚焦 119

第二节	课题重要研究进展与创新成果	121
	一、基础理论研究重要进展与创新成果	121
	二、决策咨询研究重要进展与创新成果	123
	三、教育教学实践研究重要进展与创新成果	125

第五章　教育科研热点专题研究进展　128

第一节	教育宏观战略与基本理论问题研究基本进展	128
	一、教育宏观战略与政策研究主要成果	128
	二、教育基本理论与国际比较研究基本进展	130
第二节	教育治理与资源配置研究主要进展	134
	一、教育治理体系研究主要成果	134
	二、教育资源配置与效益研究	138
第三节	课程教学改革与信息化发展研究基本进展	140
	一、课程、教学、评价改革研究主要成果	140
	二、教育信息化研究主要成果	145
第四节	教师队伍建设与学生发展研究基本进展	147
	一、教育人才队伍建设研究	147
	二、学生发展研究主要成果	152
第五节	德育与可持续发展教育研究基本进展	156
	一、传统文化教育与德育研究主要成果	156
	二、生态文明教育与可持续发展教育研究主要成果	159

PART 3　管理探索篇

第六章　北京市教育科学规划课题管理制度设计　163

第一节	北京市教育科学规划课题管理的理念	163
	一、坚持正确的教育科研导向	163
	二、有效对接教育改革的需求	164
	三、调动科研群体的积极性	164
第二节	北京市规划课题管理的制度设计	165
	一、规划课题三个研究方向的定位	165

二、规划课题研究类型的设置　　166

　　三、规划课题研究的经费保障　　166

　　四、规划课题研究的专业支持　　167

　　五、三级管理机制　　168

　　六、教育科研成果的宣传推广　　169

第三节　规划课题管理的关键环节与举措　　169

　　一、年度课题指南的制定　　169

　　二、课题的申报与立项评审　　172

　　三、课题的开题流程与管理　　174

　　四、中期管理的流程与管理　　174

　　五、结题鉴定的流程与管理　　176

第七章　规划课题管理的机制与经验　　182

第一节　部属院校的教育科研管理　　182

　　一、北京大学的教育科研管理　　183

　　二、北京师范大学的教育科研管理　　184

　　三、北京理工大学的教育科研管理　　185

第二节　市属院校的教育科研管理　　186

　　一、首都师范大学的教育科研管理　　186

　　二、北京联合大学的教育科研管理　　187

　　三、北京工业大学的教育科研管理　　188

　　四、北京建筑大学的教育科研管理　　189

　　五、北京开放大学的教育科研管理　　190

第三节　教育科研机构的教育科研管理　　190

　　一、中国教育科学研究院的教育科研管理　　190

　　二、北京教育科学研究院的教育科研管理　　191

　　三、北京教育学院的教育科研管理　　192

第四节　首都功能核心区的教育科研管理　　193

　　一、东城区的教育科研管理　　193

　　二、西城区的教育科研管理　　194

推动教育科研高质量发展的北京实践

第五节　城市功能拓展区的教育科研管理	195
一、海淀区的教育科研管理	195
二、朝阳区的教育科研管理	197
三、石景山区的教育科研管理	198
四、丰台区的教育科研管理	200
第六节　城市发展新区的教育科研管理	200
一、通州区的教育科研管理	200
二、顺义区的教育科研管理	202
三、大兴区的教育科研管理	203
四、昌平区的教育科研管理	203
五、房山区的教育科研管理（含燕山地区）	204
第七节　生态涵养区的教育科研管理	205
一、平谷区的教育科研管理	205
二、门头沟区的教育科研管理	207
三、怀柔区的教育科研管理	207
四、密云区的教育科研管理	209
五、延庆区的教育科研管理	211
结束语	**212**

绪　　论

教育科研是教育事业发展的基础工程和关键要素，在某种程度上决定着教育的发展水平，影响着教育的质量与效果。2019年《教育部关于加强新时代教育科研工作的意见》（以下简称"《意见》"）进一步明确了"教育科学研究是教育事业的重要组成部分，对教育改革发展具有重要的支撑、驱动和引领作用"。2021年全国教育科研工作会议就《意见》落实情况进行交流研讨，各省市在落实《意见》要求、促进当地教育科研发展上妙计频出、良策不穷、成效显著、成绩斐然。

首都教育科研具有"起步早、规模大、体系全、机制新"的良好发展基础，自"六五"规划以来，规划办在组织结构、立项规模、管理规范以及科研效益等方面不断完善、不断创新，有效发挥了教育科研创新理论、服务决策、改进实践、引导舆论的功能。进入新时代，面对"建设高质量教育体系和高水平教育现代化""建设教育强国"的任务要求，首都教育科研要自我加压主动作为，以"首善"标准定位教育科研发展目标，更好地发挥支撑、服务、引领首都教育事业发展的作用，努力构建教育科研发展的新格局。

一、首都教育科研的发展历程

（一）北京市教育科学规划领导小组的历史沿革与职能

1. 规划办的历史沿革

我国教育科研管理的主体为教育行政机关与教育科研管理部门。各级教育行政机关通常设置教育科学规划办负责行政区划内的教育科研管理工作。

在教育部于1978年10月正式成立全国教育科学规划领导小组后，北京市于1983年年初在全国率先成立了以教育局局长为组长的北京市教育科学规划领导小组（以下简称"领导小组"），作为统管全市教育科学规划工作的领导机构。

北京市教育科学规划领导小组办公室（以下简称"规划办"）是领导小组的职能部门和办事机构，1983年始挂靠在"北京市教育科学研究所"。1996年北京教育科学研究院成立后，根据北京市机构编制委员会办公室《关于核定北京教育科学研究院机构设置及人员编制的函》（京编办事〔1996〕176号）的规定，"规划办"是领导小组的职能部门和办事机构，设置在北京教育科学研究院，并与"科研管理处"合署办公。

2. 规划办的主要职责

根据北京市机构编制委员会办公室《关于核定北京教育科学研究院机构设置及人员编制的函》（京编办事〔1996〕176号）的规定，规划办的主要职责为："协助领导小组制订北京市教育科学发展规划及重点课题方案、课题指南；组织评审市级重点课题；编制重点课题经费核逯；检查重点课题执行情况和经费使用情况，组织对市重点课题研究成果鉴定、验收和推广及对教育科学优秀成果评奖和奖励；编发《市教育科学规划重点课题研究成果公报》"。

2016年5月16日修订的《北京市教育科学规划课题管理办法》中明确规定，规划办的职责是"组织规划实施，管理立项课题，组织学术交流，组织科研培训，组织成果评奖，推广科研成果"。进一步丰富和扩大了规划办的职能。

3. 领导小组成员构成

依据北京市教育科学规划领导小组成员构成原则，领导小组组长、副组长、常务副组长均为职务行为，组长由现任市教委主任担任，副组长由市委教育工委主管宣教工作的副书记担任，常务副组长由北京教育科学研究院院长担任，组长、副组长、常务副组长人选随职务变化及时进行调整。

现任北京市教育科学规划领导小组组长为刘宇辉主任，常务副组长为北京教育科学研究院院长方中雄，现有小组成员10人。领导小组成员以五年规划周期为届，主要由"两委一室"领导及相关行政机关领导、教育部在京教育科研机构负责人、市属教育支撑部门负责人、各类学校校长代表、其他教育研究机构专家代表共同构成。

（二）首都教育科研发展的历程

以重要事件为标志，首都教育科研的发展历程可分为四个阶段：一是起步阶段（1983—2000年）。北京市教育规划办成立，科研兴校的理念从提出到熟知，一线教师做科研的价值逐渐得到认可，教育科研管理措施逐步完善。二是

绪 论

反思完善阶段（2000—2012 年）。在新课程改革中，教育科研在教育改革与发展中的价值日益彰显，教育科研中存在的问题也逐渐显露，教育科研反思与建设并重。三是迅速发展阶段（2013—2018 年）。十八大以后，党和国家对教育科研的重视提到了新高度，教育科研事业迅速发展，教育科研的功能定位更加明晰，科研水平和贡献不断增强。四是提质增效阶段（2019 年至今）。以《教育部关于加强新时代教育科学研究工作的意见》为标志，教育科研高质量、高效益发展。从教育科研关键主题发文的曲线走势看，与我国教育科研的发展阶段基本一致。

1. 起步阶段（1983—2000 年）

该阶段学校教育科研与教育科研管理处于初步探索期。中小学开展教育科研的必要性、可能性和价值得到认可，"科研兴校、科研兴教"理念传播开来。20 世纪 90 年代，教育科研实践逐步推进、教育科研管理措施日益成熟，1994 年京津沪教育科研管理研讨会召开，各地教育科研管理部门进行了深入的交流。这一时期，教育科研管理的环节、内容、程序已形成雏形。同时，教育科研中的问题与不足逐渐显露并进入研究者与管理者的视野，如经费不足、重大课题的协作攻关、研究过程的检查与监督、结题验收的方式方法、科研成果的类别与分类推广问题等。

2. 反思完善阶段（2000—2012 年）

进入新世纪，我国教育发展要实现从效率到公平、从外延到内涵、从数量到质量的转变。作为教育事业发展重要支撑的教育科研工作，在这一进程中发挥了重要作用，但同时教育科研中的问题与不足也日渐显现。研究者开始聚焦教育科研与管理中的问题，尤其是对中微观层面的区域教育科研、学校教研、校本研修等内容进行了研究，提出了促进区域教育科研发展的对策建议。研究者关注到区域教育科研管理的绩效评估问题、区域教育科研管理的模式构建、教育科研规划制度的改革、教育科学规划课题管理模式性的构建等。这一时期的研究与实践为十八大以后教育科研的迅速发展奠定了坚实基础。

3. 迅速发展阶段（2013—2018 年）

十八大以后，党和国家对教育科研的重视提到了新高度。教育科研相关主题的研究蓬勃发展，高级别、高价值的成果十分丰富。研究者持续关注教育科研及其管理中存在的问题，并将"提高教育科研的质量"作为研究的出发点和

推动教育科研高质量发展的北京实践

核心主题。研究者的视角全面,从宏观到中观再到微观,从国家到省市区域再到学校,均有涉及。宏观层面,教育科研重量轻质现象普遍,教育科研质量标准缺位制约了教育的长远发展;中微观层面,诸多区县进行了教育科研管理体制机制的创新研究与实践,推动了教育科研的发展和科研管理工作的科学化水平。

4. 提质增效阶段（2019 年至今）

2019 年,以中华人民共和国成立以来第一个以教育部名义发布的关于教育科研工作的规范性文件《教育部关于加强新时代教育科学研究工作的意见》（以下简称"《意见》"）为标志,我国教育科研进入提质增效发展阶段。《意见》第一次集中概括了教育科学研究为促进教育改革发展、推进教育治理体系和治理能力现代化所发挥的重要作用;第一次明确了提高教育科学研究工作质量和服务水平、推进教育科学研究体制机制创新、建设高素质创新型科研队伍的任务举措。2011 年 4 月,全国教育科研工作会议就各省市落实《意见》的情况进行了研讨交流,教育科研向"提质增效"目标迈进已成为共识。

二、首都教育科研的主要成就

自"六五"规划至今,与全国其他省市相比,北京市教育科学规划领导小组已成为全国省级教育科研规划管理机构中成立时间最长、业务覆盖面最广、兼具行政领导和专业指导职能的机构之一。规划办在组织结构、立项规模、管理规范以及科研效益等方面均在全国名列前茅,连续多年被评为"全国教育科研管理先进单位"。2016 年 12 月,在第五届全国教育科学研究优秀成果奖颁奖大会暨全国教育科研管理工作会议上,规划办再次被评为"全国教育科研管理先进单位"并获得表彰。

在市委、市政府的领导下,北京市教育科学研究工作坚持为政府教育决策服务、为提高首都教育现代化水平服务、为提升教育质量服务、为繁荣教育科学服务的指导思想,通过组织规划的实施,以年度课题指南引领教育科研发展方向,团结广大教育工作者,紧紧围绕首都教育改革与发展中的基础性、全局性、战略性、前瞻性问题开展研究,在基础理论创新和面向教育实践的应用研究、实验研究等方面取得了一系列重要成果,为提高我市教育决策科学化水平,促进首都教育优质发展、公平发展,完善首都教育体系,办好人民群众满意的

绪　论

首都教育发挥了重要作用。

从总体上看，首都教育科研形成了以下特点：一是教育科研管理的体制不断健全，形成了制定教育科研规划纲要和课题指南的传统，通过不断完善年度课题指南形式、提高指南内容的科学性，有效引领教育科研的发展方向；二是科研管理机制不断优化，申报、立项、研究、结题环环相扣有效衔接，科研管理的效益不断提升；三是科研队伍结构素质不断优化，课题承担者呈现高学历、低龄化趋势；四是科研管理的信息化程度较高，建设了教育科学规划课题申报系统、立项评审系统、课题管理系统、专家库、成果库；五是属地高校众多、一线名校众多，科研人员水平高、科研基础扎实，教育科学规划课题竞争激烈，部分课题类别立项率屡创新低，重点课题、青年课题的立项率屡创新低；六是依托教育科研的研究成果频频获奖，在首届、第二届国家级教学成果奖励以及各届教育科研成果奖中的获奖总数和获奖质量位居全国前列。

数据分析篇

第一章
课题申报数据透析首都教育科研发展

 导 引

"十三五"时期,北京市教育科学规划坚持为政府决策服务、为提高首都教育现代化水平服务、为提升教育质量服务,以为繁荣教育科学服务为指导思想,扎实开展教育科研规划与管理工作。根据实际,共设置三个研究方向、六种课题类别、十个研究领域。

本章主要对2016—2020年的课题申报数据进行统计分析,力图全面展示课题申报数据在课题研究方向、课题类别以及十个研究领域等不同维度的特点。

第一节 "十三五"时期教育科学规划课题申报概况

一、课题申报数持续增长,申报规模再创历史新高

2017—2020年,研究者申请课题的热情持续高涨,课题申报总量以20%的幅度递增。2020年,申报量首次突破2 000项,达到2 354项,创历史新高。与2019年相比,申报总数增长了489项(增长26.2%);与2018年相比,增长666项(增长39.5%);与2017年相比,增长1 009项(增长75.0%)(见图1–1)。

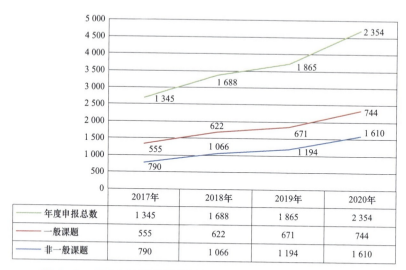

图1-1　北京市教育科学规划2017—2020年度课题申报情况

从六类课题的申报数量看，各类课题稳中有增，广大教育科研人员申报教育科学规划课题的热情更加高涨。由于重大课题研究难度大、相关要求高，各年度的申报数量相对较少但均有申报；优先关注课题的申报数量呈明显的增长趋势，从2016年的51项，增至2019年的119项、2020年的99项；重点课题的申报同样呈增长趋势；青年专项课题数量相对稳定，但2020年的申报数量激增（见表1-1）。

表1-1　"十三五"期间各类课题申报数量统计

课题类别	2016年	2017年	2018年	2019年	2020年	小计
重大课题	1	1	1	2	1	6
优先关注课题	51	79	90	119	99	438
重点课题	274	408	568	599	539	2 388
校本研究专项课题	206	102	118	139	206	771
青年专项课题	361	200	289	335	765	1 950
一般课题	889	555	622	671	744	3 481
总计	1 782	1 345	1 688	1 865	2 354	9 034

二、三个研究方向申报差异巨大，教学实践研究受到热捧

从各年度三个研究方向的课题申报数量看，教育基础理论研究课题共计702项，占比7.8%；教育决策咨询研究773项，占比8.5%，而申报教育教学实践研究的课题7 559项，占比达83.7%（见表1-2及图1-2）。可见，绝大部分申报者更热衷教育教学实践类课题的申报与研究。

从课题申报量的年度变化看，教育基本理论研究、教育决策咨询研究基本呈逐年增长态势；教育教学实践研究自2017年后呈逐年增长态势（见图1-3）。

表1-2　三大研究方向各年度课题申报数量统计

分类	2016年	2017年	2018年	2019年	2020年	总计
教育基础理论研究	114	129	134	163	162	702
教育决策咨询研究	109	127	154	193	190	773
教育教学实践研究	1 559	1 089	1 400	1 509	2 002	7 559
总计	1 782	1 345	1 688	1 865	2 354	9 034

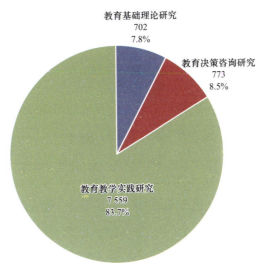

图1-2　三大研究方向课题申报量占比

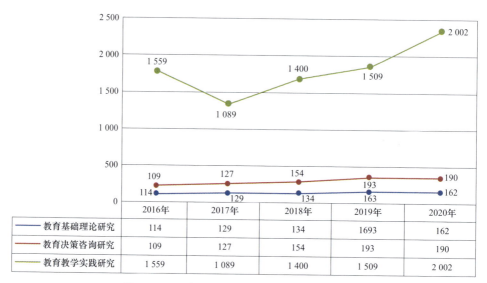

图 1-3 三大研究方向课题申报数量变化曲线

三、十个研究领域申报差异明显，课程教学研究热度超高

从北京市教育科学规划课题的研究领域来看，十个研究领域的差异比较明显。申报热度比较高的是"课程、教学、评价改革研究"领域，有 4 774 项课题申报，占申报总数的 52.8%；其次是"学生发展研究"领域，有 1 191 项课题申报，占申报总数的 13.2%；"教育人才队伍建设研究" 668 项、"传统文化教育与德育研究" 623 项，"教育信息化研究" 618 项，相对较多；而"教育宏观战略与政策研究""教育基本理论与国际比较研究""教育治理体系研究""教育资源配置与效益研究"和"生态文明教育与可持续发展教育研究"申报数比较少，低于 300 项，占申报总数的 1%~4%（见表 1-3 及图 1-4）。

表 1-3　2016—2020 年十大研究领域课题申报情况统计

研究领域	2016 年	2017 年	2018 年	2019 年	2020 年	小计
教育宏观战略与政策研究	40	43	64	75	56	278
教育基本理论与国际比较研究	24	23	44	39	64	194
教育治理体系研究	38	37	52	66	77	270
课程、教学、评价改革研究	995	674	857	941	1 307	4 774

续表

研究领域	2016年	2017年	2018年	2019年	2020年	小计
学生发展研究	256	179	213	262	281	1 191
教育人才队伍建设研究	109	111	123	146	179	668
教育资源配置与效益研究	32	53	48	51	45	229
教育信息化研究	109	98	137	127	147	618
传统文化教育与德育研究	137	107	110	115	154	623
生态文明教育与可持续发展教育研究	42	20	40	43	44	189
总计	1 782	1 345	1 688	1 865	2 354	9 034

图1-4　2016—2020年十大研究领域课题申报总数

四、近年六类课题申报持续增长，青年课题申报数量翻番

从图1-5中可以看出，2017—2019年度优先关注课题、校本研究专项课题、青年专项课题、重点课题和一般课题的申报数量持续增长，但2020年优先关注课题、青年专项课题和重点课题的申报情况出现新的变化，一是优先关注课题和重点课题的申报开始回落，二是青年专项课题的申报翻倍增长，是2019年的2.28倍。

推动教育科研高质量发展的北京实践

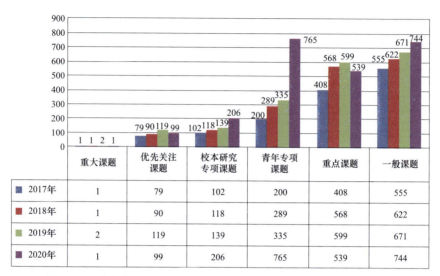

图 1-5 北京市教育科学规划 2017—2020 年度各类课题申报情况

五、重大课题申报长期鲜有问津，宏观咨询政策研究乏力

虽然年度申报数量持续增长，但重大课题的申报数量多年未有起色。"十三五"规划期间，除 2019 年有 2 项申报外，其余年份均只有 1 项申报。2020 年列出的 3 项重大课题中，"《首都教育现代化 2035》重大战略任务推进策略研究"是 2019 年的题目，2020 年仍无人申报。重大课题的申报窘状，不利于及时研究、破解首都教育改革发展中的重点、难点问题，亟需探求破解之道（见表 1-4）。

表 1-4 重大课题发布与申报情况统计

数量	2016 年	2017 年	2018 年	2019 年	2020 年
发布数量	2	2	2	2	3
申报数量	1	1	1	2	1

第二节 高校与研究机构课题的申报特点

北京市教育科学规划课题的研究主体不仅来自区县中小学校与教育机构、市属高校与科研机构，还包括部属高校与科研机构。从教育科研管理系统数据

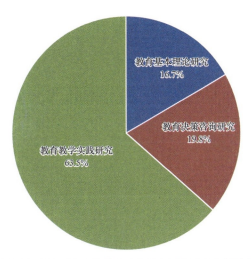

图 1-8 北京市教育科学"十三五"规划期间高校和研究机构的课题申报情况

三、北京师范大学、北京联大、北京电科院分别为所在机构的申报主力

表 1-7 是北京市教育科学"十三五"规划期间申报数超过 60 项的市属高校、部属高校和研究机构。从表中可以看出,北京师范大学是北京市教育科学规划课题的申报大户,"十三五"期间申报了 439 项课题,占到高校和研究机构申报总数的 12.8%,是部属高校的申报主力;其次是北京联合大学,申报了 299 项课题,占到高校和研究机构申报总数的 8.7%,是市属高校的申报主力;北京教育学院和北京教育科学研究院申报数量接近,申报数量稳定;北京电子科技职业学院在职业教育院校中表现比较突出,5 年间申报了 63 项课题,是职业院校的申报主力。

表 1-7 北京市教育科学"十三五"规划期间申报数超过 60 项的高校和研究机构

序号	高校与研究机构	申报数					申报总数
		2016 年	2017 年	2018 年	2019 年	2020 年	
1	北京师范大学	58	82	80	106	113	439
2	北京联合大学	35	70	58	64	72	299
3	北京教育学院	26	46	42	46	33	193
4	北京教育科学研究院	32	28	37	43	48	188

续表

序号	高校与研究机构	申报数					申报总数
		2016年	2017年	2018年	2019年	2020年	
5	首都师范大学	25	28	33	37	34	157
6	北京建筑大学	0	21	13	34	62	130
7	首都医科大学	18	0	26	22	58	124
8	中国教育科学研究院	19	18	17	34	24	112
9	北京工业大学	20	19	20	24	13	96
10	北方工业大学	10	22	22	22	16	92
11	北京开放大学	5	9	23	22	15	74
12	北京中医药大学	11	15	0	23	23	72
13	北京理工大学	5	10	17	15	22	69
14	北京电子科技职业学院	1	8	3	17	34	63
15	中国人民公安大学	9	0	9	27	17	62
16	中国政法大学	6	7	10	20	17	60

四、科研机构申报各类课题分量均衡，高校偏向重点和青年课题

以2020年申报数据为例，市属高校、部属高校和研究机构申报课题916项，共有28所市属高校申报课题，总申报量468项，其中优先关注课题32项、重点课题141项、青年专项课题138项、一般课题157项；共有34所部属高校申报课题，总申报量338项，其中重大课题1项、优先关注课题26项、重点课题158项、青年专项课题129项、一般课题24项；共有4所科研机构申报，总申报量110项，其中重大课题1项、优先关注课题20项、重点课题34项、青年专项课题27项、一般课题28项。

从图1-9可以看出，科研机构在四类课题的申报数量方面相对均衡；市属高校更热衷于申报重点、青年和一般课题，尤其是一般课题申报数量较大；部属高校倾向于申报重点课题与青年专项课题，一般课题不是申报重心。

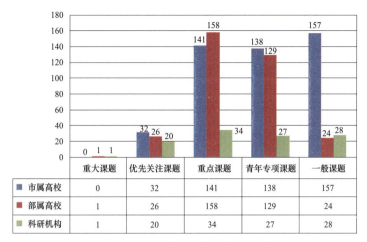

图1-9 2020年度高校申报课题情况

第三节 16区课题的申报特点

一、申报规模分为三个梯队，城区朝阳海淀、郊区大兴顺义表现突出

自"十三五"规划以来，北京市实行各区一般课题限额申报，其余类别课题自由申报的方式。五年间，各区的申报情况基本相同，按照申报总量可分为三个梯队。

图1-10是各区2016—2020年的申报数据。从图中可以发现，第一梯队为海淀（1 020项）和朝阳（855项）；第二梯队为东城、西城、石景山、大兴、顺义、丰台、昌平（260~460项），大兴和顺义区在郊区中表现突出；其余各区（含燕山地区）为第三梯队，低于200项，平谷区的申报数量最少，申报总数仅为47项。

二、非一般课题占五成，中小学教师对其他类型课题需求旺盛

2016—2020年各区共申报课题5 402项，其中非一般课题2 569项，占比47.6%；以2017—2020年四年数据看①，非一般课题的申报数量为2 119项，占51.5%，说明各区中小学教师不仅仅满足于一般课题的申报，对北京市教育

---

① 2017年执行一般课题限额申报。

科学规划的其他课题类型也有很强申报需求（见表1-8）。其中，海淀区、朝阳区、西城区、经费资助类课题的申报数量远超一般课题的申报数量；房山区、密云区、燕山区经费资助类课题的申报数量略超一般课题（见图1-11）。

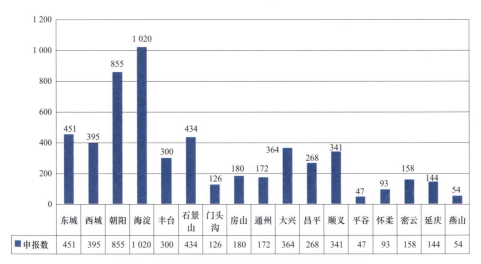

图1-10　2016—2020年度各区申报课题情况

表1-8　2016—2020年各区课题申报情况统计

序号	区名称	一般课题					经费资助类课题				
		2016年	2017年	2018年	2019年	2020年	2016年	2017年	2018年	2019年	2020年
1	东城	97	46	46	47	46	41	22	35	23	48
2	西城	33	32	50	32	26	37	27	63	45	50
3	朝阳	166	52	66	61	62	104	30	51	67	196
4	海淀	153	66	67	67	66	75	48	115	129	234
5	丰台	10	32	32	57	74	11	23	17	16	28
6	石景山	75	48	48	48	48	40	39	36	18	34
7	门头沟	6	14	14	14	14	9	2	13	22	18
8	房山	29	12	14	13	12	25	21	17	13	24
9	通州	20	21	25	24	25	9	8	14	10	16
10	大兴	63	29	31	30	29	16	30	35	34	67
11	昌平	45	25	25	25	25	27	18	31	19	28
12	顺义	61	31	31	32	31	23	22	18	37	55
13	平谷	7	5	5	5	5	9	0	4	3	4

续表

序号	区名称	一般课题					经费资助类课题				
		2016年	2017年	2018年	2019年	2020年	2016年	2017年	2018年	2019年	2020年
14	怀柔	15	12	13	15	16	3	1	1	7	10
15	密云	22	10	15	13	15	13	13	19	15	23
16	延庆	31	21	21	21	21	6	9	8	3	3
17	燕山	2	5	5	5	5	2	5	2	7	16
	总计	835	461	508	509	520	450	318	479	468	854

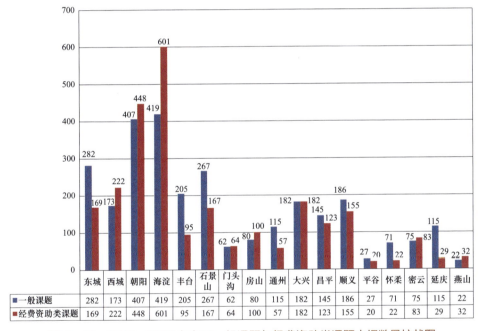

图 1-11 2016—2020 年各区一般课题与经费资助类课题申报数量柱状图

在非一般课题的申报中，青年专项课题群体庞大，申报数为 1 016 项，这表明青年教师的研究热情高涨、需求强烈。校本研究专项课题和重点课题的申报量也较高。校本研究专项课题是面向中小学校级领导，带领全校教师研究解决学校发展开展的研究，近几年申报数量持续增长。2017—2020 年分别为 102 项、115 项、138 项、206 项。优先关注课题申报数量相对较少，城区有少量申报，远郊区则鲜有申报。重大课题则无人申报（见表 1-9 及图 1-12）。

表1-9 各区六类课题申报数量统计

	课题类别	2016年	2017年	2018年	2019年	2020年	总计
1	重大课题	0	0	0	0	0	0
2	优先关注课题	15	9	11	21	17	73
3	重点课题	80	124	184	145	181	714
4	校本研究专项课题	205	102	115	138	206	766
5	青年专项课题	150	83	169	164	450	1 016
6	一般课题	835	461	508	509	520	2 833
	总计	1 285	779	987	977	1 374	5 402

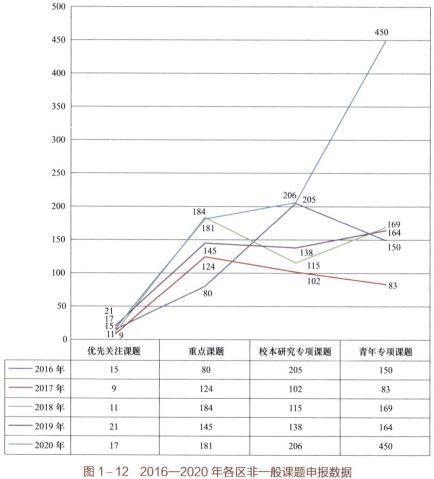

图1-12 2016—2020年各区非一般课题申报数据

三、非一般课题申报主要聚焦在海淀和朝阳，平谷延庆表现乏力

除一般课题外，各区在有经费资助类课题的申报方面差距明显。海淀区与朝阳区的申报数量占据申报总量的半壁江山（海淀区占 23.4%，朝阳区占 17.5%）。此外，东城区、西城区各占 6.6%、8.6%；远郊区县中，大兴区、顺义区申报量较大，各占 7.1%、6.0%，超过东城区；其余区占 1%~4% 不等。平谷区和延庆区申报非一般课题不足 30 项，申报积极性较弱，说明这两个区仅满足于申报一般课题（见表 1–10、表 1–11 及图 1–13）。

表 1–10　各区 2016—2020 年非一般课题申报数量统计

序号	区名称	2016 年	2017 年	2018 年	2019 年	2020 年	小计	占比
1	东城	41	22	35	23	48	169	6.6%
2	西城	37	27	63	45	50	222	8.6%
3	朝阳	104	30	51	67	196	448	17.5%
4	海淀	75	48	115	129	234	601	23.4%
5	丰台	11	23	17	16	27	94	3.7%
6	石景山	40	39	36	18	34	167	6.5%
7	门头沟	9	2	13	22	18	64	2.5%
8	房山	25	21	17	13	24	100	3.9%
9	通州	9	8	14	10	16	57	2.2%
10	大兴	16	30	35	34	67	182	7.1%
11	昌平	27	18	31	19	28	123	4.8%
12	顺义	23	22	18	37	55	155	6.0%
13	平谷	9	0	4	3	4	20	0.8%
14	怀柔	3	1	1	7	10	22	0.9%
15	密云	13	13	19	15	23	83	3.2%
16	延庆	6	9	8	3	3	29	1.1%
17	燕山	2	5	2	7	16	32	1.2%
	总计	450	318	479	468	853	2 568	100%

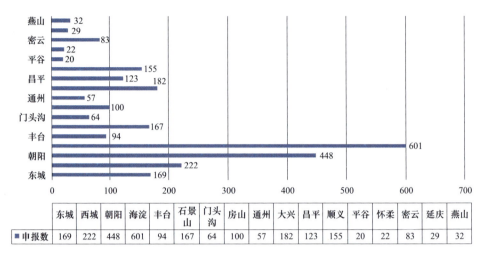

图 1-13 2016—2020 年度各区非一般课题申报情况

从城六区与远郊区经费资助类课题的申报情况看，优先关注课题、重点课题、青年专项课题的申报城六区占绝对优势，城六区参与课题申报的积极性明显高于远郊区（见图 1-14）。

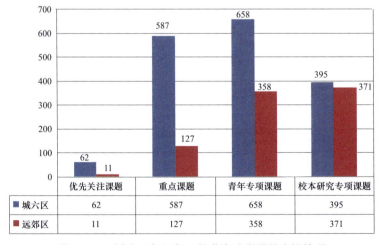

图 1-14 城六区与远郊区经费资助类课题申报情况

第一章 课题申报数据透析首都教育科研发展

表1-11 2016—2020年非一般课题申报数量分类型统计

序号	区县	优先关注课题					重点课题					青年专项课题					校本研究专项课题					小计
		2016年	2017年	2018年	2019年	2020年	2016年	2017年	2018年	2019年	2020年	2016年	2017年	2018年	2019年	2020年	2016年	2017年	2018年	2019年	2020年	
1	东城	3	1	2	2	1	2	9	10	7	13	12	3	9	9	23	24	9	14	5	11	169
2	西城	1	1	2	2	3	13	13	33	17	11	13	6	12	15	23	10	7	16	11	13	222
3	朝阳	4		3	3	4	23	10	15	26	36	35	7	23	16	120	42	13	10	22	36	448
4	海淀	4		1	6	6	21	30	71	66	76	35	14	30	35	120	15	4	13	22	32	601
5	丰台		1	1	3	1		16	9	3	4	3	2	1	4	10	8	4	6	6	13	94
6	石景山	1	2	1	2	1	5	13	18	6	11	24	18	14	5	17	10	6	3	5	5	167
7	门头沟	1					1	2		5	2	4	2	8	12	13	3	8	5	5	3	64
8	房山		1	3	1	1	4	8	9	3	3	4	4	6	3	10	17	5	2	6	10	100
9	通州	1			1		1	1	3		1	3	2	6	3	3	4		5	7	12	57

续表

序号	区县	优先关注课题					重点课题					青年专项课题					校本研究专项课题					小计
		2016年	2017年	2018年	2019年	2020年	2016年	2017年	2018年	2019年	2020年	2016年	2017年	2018年	2019年	2020年	2016年	2017年	2018年	2019年	2020年	
10	大兴		1		1		2	7	6	3	11	5	14	23	23	39	9	8	6	7	17	182
11	昌平						3	6	8	2	3	3	2	11	9	14	21	10	12	8	11	123
12	顺义			1			3	3	1	1	7	8	7	9	20	30	12	12	7	16	18	155
13	平谷						1							2	2	3	8	1	2	1	1	20
14	怀柔				1			3		2	2	1		10	1	4	2	1	1	4	4	22
15	密云		1					3	1	2	2		2	3	1	9	13	7	9	11	14	83
16	延庆		1				1	3	1	1	1		1	2	5	2	5	4	4	1	1	29
17	燕山															10	2	4		1	5	32
总计		15	9	11	21	17	80	124	184	145	181	150	83	169	164	450	205	102	115	138	206	2 568

第四节　教育科研队伍的特点

"十三五"期间，北京市共有 9 034 名课题负责人参与了北京市教育科学规划课题的申报，涵盖部属市属高校教师、教育科研机构研究人员、各区中小学教师、职业院校教师、教育行政机关人员等。2016—2020 年共有 1 876 项课题通过专家评审、择优立项。与"十一五""十二五"规划相比，"十三五"期间的课题申报数、立项数均有大幅提升（"十二五"期间申报 6 000 项，立项 902 项；"十一五"期间申报 5 717 项，立项 968 项），科研人员申报课题的积极性更为高涨，课题研究质量得到评审专家认可。

一、70 后和 80 后是申报主力军，90 后申报增长速度快

从申报者年龄看，9 034 名课题申报者中，70 后和 80 后申报人数分别是 3 756 人和 3 113 人，占申报总数的 41.6% 和 34.5%，是北京市教育科研的主力军；60 后为 1 716 人，占 19.0%；90 后的申报势头强劲，分别由 2016—2019 年的 25 人、11 人、48 人、86 人，增长到 2020 年的 219 人（见表 1–12 及图 1–15）。

表 1–12　2016—2020 年课题申报人年龄构成情况

年龄段	2016	2017	2018	2019	2020	小计
1950—1959（50 后）	21	18	10	9	2	60
1960—1969（60 后）	436	299	322	308	351	1 716
1970—1979（70 后）	795	590	748	774	849	3 756
1980—1989（80 后）	505	427	560	688	933	3 113
1990—（90 后）	25	11	48	86	219	389
总计	1 782	1 345	1 688	1 865	2 354	9 034

推动教育科研高质量发展的北京实践

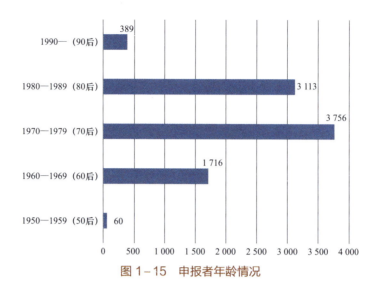

图 1-15 申报者年龄情况

（一）申报者年龄结构在课题研究方向维度的特点

表 1-13 与图 1-16 表明：教育基础理论研究中 70 后、80 后是申报的主要力量，两者合占 81.5%，其中 80 后占比 46.7%，70 后占 34.8%。教育决策咨询研究中，同样以 80 后、70 后为主要力量，两者合占 85.5%，其中 80 后占比 50.3%，70 后占比 35.2%。教育基础理论研究与教育决策咨询研究中，80 后、70 后的申报数量、占比结构呈现较大的相似性。结合之前高校与科研机构、16 区（含燕山区）的申报情况的分析，可以判断教育基础理论研究与教育决策咨询研究的申报者主要为高校与科研机构的高学历的青年研究者。

在教育教学实践研究中，申报数量由多到少依次为 70 后、80 后、60 后、90 后、50 后，其中 70 后占比 42.3%，80 后次之，占比 31.7%。教育教学实践研究的申报主体主要为一线教师，可以判断 70 后、80 后是教育教学实践研究的中流砥柱（见表 1-13）。

表 1-13 申报者年龄在三大研究方向上的数量统计

年龄段	教育基础理论研究	教育决策咨询研究	教育教学实践研究	小计
50 后	2	8	49	60
60 后	100	93	1 523	1 716
70 后	244	272	3 240	3 756

第一章 课题申报数据透析首都教育科研发展

续表

年龄段	教育基础理论研究	教育决策咨询研究	教育教学实践研究	小计
80后	328	389	2 396	3 113
90后	28	10	351	389
总计	702	773	7 559	9 034

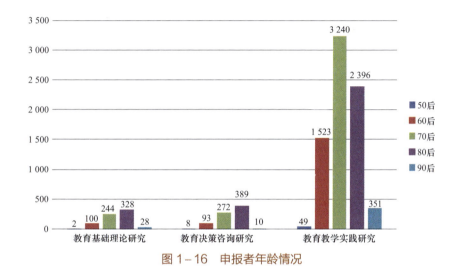

图 1-16 申报者年龄情况

（二）申报者年龄结构在课题类型维度的特点

表 1-14、图 1-17 表明：受重大课题申报资格要求的限制（具有正高级专业技术职务，有深厚的学术研究功底与学术造诣，能有效组织研究团队，调动各种资源开展研究），重大课题的申报人群主要为 60 后。

优先关注课题的申报以 60 后、70 后为主，结合申报者的学历构成与职称构成，该申报群体以具有博士学位、副高职称为主体。课题申请人通常具有较强的理论水平和研究能力，能够较好地完成既定题目的研究内容与要求，并能取得预期研究成果。

重点课题的申报以 70 后为主体，占 54%；60 后、80 后的申报人数持平，各占 22%。

青年专项课题有年龄限制，申报年龄要求不超过 40 周岁，申报者以 80 后为主，占 81%；70 后、90 后申报数量相对较少。

受校本研究专项课题的特殊规定性（中小学、幼儿园和中等职业学校的现任校（园）级领导主持的课题），校本研究的申请者以 60 后、70 后为主体，占比分别为：48%、45%，这也客观反映出当前北京市中小学校、幼儿园、中职学校的校领导主要集中在 60 后、70 后；80 后校级领导数量相对较少（42 项）；3 项 90 后的课题为研究类型选择错误，不具有统计意义。

一般课题的申报者年龄相对集中在 70 后群体，占比 52.2%；60 后、80 后申报数量接近，分别占 20.8%、24.2%；50 后、90 后申报数量相对较少。

表 1-14　申报者年龄在课题类别维度的数量统计

年龄段	重大课题	优先关注课题	重点课题	青年专项课题	校本研究专项课题	一般课题	小计
50 后	1	9	27	0	9	14	60
60 后	5	101	516	0	372	724	1 717
70 后	0	205	1 296	87	345	1 817	3 751
80 后	0	122	528	1 582	42	841	3 115
90 后	0	1	21	281	3	85	391
小计	6	438	2 388	1 950	771	3 481	9 034

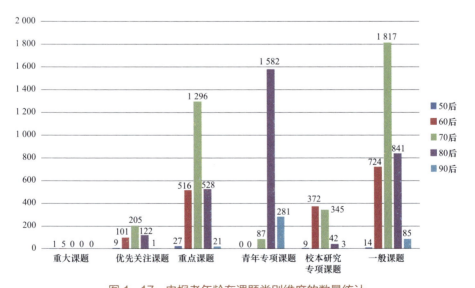

图 1-17　申报者年龄在课题类别维度的数量统计

二、副高职称教师申报积极性高，正高申报占比偏低

从申报者的职称结构看，"十三五"期间中级、副高职称申报者占主体，合占 80.1%，其中中级职称占比 31.3%、副高职称占比 48.9%。正高职称申报者数量最少，仅 775 人，占比 8.6%（见表 1-15 及图 1-18）。

表 1-15 2016—2020 年间申报者职称结构情况统计

职称结构	申报数	占比
初级	1 013	11.2%
中级	2 825	31.3%
副高	4 421	48.9%
正高	775	8.6%
总　计	9 034	100%

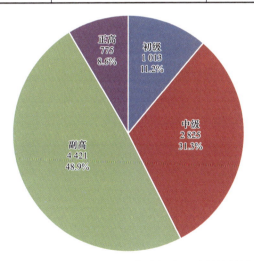

图 1-18 2016—2020 年申报者职称结构统计

（一）申报者职称结构在课题研究方向维度的特点

1. 基础理论与决策咨询研究中，中级与副高平分秋色

表 1-16、图 1-19 表明，教育基础理论研究与教育决策咨询研究申报者的职称构成结构差异不大。教育基础理论研究中，中级职称申报者数量最多，占 44.7%，副高职称次之，占 32.6%。教育决策咨询研究中，中级职称占 42.7%，副高职称占 39.3%。

初级职称者申报基础理论研究与决策咨询研究课题的数量较少，表明初级职称研究者并不倾向申报教育基础理论研究与教育决策咨询研究。

正高职称申报基础理论与决策咨询研究课题的数量不够突出。从教育基础理论研究与教育决策咨询研究的定位看，正高职称研究者相对更具有竞争优势，但申报数量表明正高职称研究者申报课题的需求并不强烈。

2. 教育教学实践研究中，副高力压群雄

教育教学实践研究方向中，副高职称申报者数量最多，占51.4%；是中级职称人数的1.8倍，是正高人数的7.3倍（见表1-16）。

从三类课题的申报情况看，申报教育教学实践研究的副高人数是基础理论研究人数的17.0倍，是教育决策咨询研究人数的12.8倍。三类课题的申报体量严重不均衡。

表1-16　申报者职称在三大研究方向上的数量统计

职称结构	教育基础理论研究	教育决策咨询研究	教育教学实践研究	小计
初级	32	23	958	1 013
中级	314	330	2181	2 825
副高	229	304	3888	4 421
正高	127	116	532	775
总计	702	773	7559	9 034

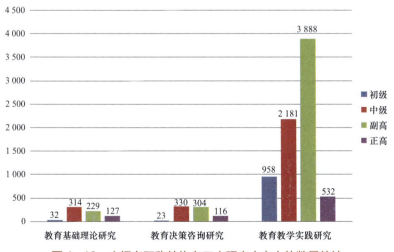

图1-19　申报者职称结构在三大研究方向上的数量统计

(二)申报者职称结构在课题类型维度的特点

1. 优先关注、重点课题的申报以高级职称为主

优先关注课题、重点课题的经费资助额度较高,高级职称者更倾向于申报这两类课题。优先关注课题中,高级职称占76.5%,其中副高占48.6%;重点课题中,高级职称占比77.0%,其中副高占57.4%(见表1-17及图1-20)。

六类课题中,正高职称申报重点课题的占比60.0%,申报优先关注课题的占比15.6%;副高职称申报重点课题的占比31.0%,申报优先关注课题的占比4.8%,比例较低。

2. 青年专项课题的申报以中级职称为主

六类课题中,中级职称申报青年专项课题的占比39.8%,申报重点课题的占比17.3%,申报一般课题的占比34.7%。青年专项课题的申报以中级职称为主体,占比57.6%,初级职称占比28.4%,副高职称占比13.3%(见表1-17及图1-20)。

3. 校本研究专项课题的申报以副高职称为主

校本研究专项课题的申报以副高职称为主,占比76.4%,表明中小学、幼儿园、职业学校校级领导的职称主要为副高,正高比例相对较少,仅占4.7%(见表1-17及图1-20)。

4. 一般课题的申报以副高为主、中级为辅

一般课题中,副高职称申报者占比57.1%,占绝对优势;中级职称占比28.1%,数量也较为可观,两者合占85.2%(见表1-17及图1-20)。

表1-17 申报者职称在课题类别维度的数量统计

职称结构	重大课题	优先关注课题	重点课题	青年专项课题	校本研究专项课题	一般课题	小计
初级	0	6	60	553	13	381	1 013
中级	0	97	489	1123	133	979	2 821
副高	0	213	1371	260	589	1987	4 420
正高	6	122	468	14	36	134	780
小计	6	438	2388	1950	771	3481	9 034

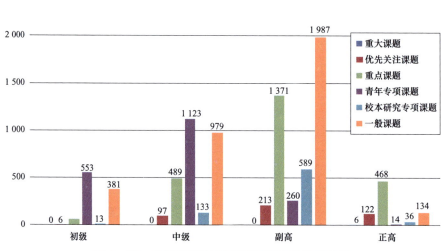

图 1-20　申报者年龄在课题类别维度的数量统计

三、本硕博申报数量相当，优先关注课题本科关注度低

北京市教育科学规划课题的申报人员具有较高学历。拥有研究生学历者 60.4%，拥有博士学位的申报者数量（2 915）已经超过硕士学位申报者数量（2 540）（见表 1-18）。

从图 1-21 可以看出，近五年课题申报人员中拥有博士学位的人数呈递增趋势，年度增幅分别为 40 人、134 人、160 人、83 人，2020 年度是 2016 年度的 2.1 倍，增幅惊人；2017—2020 年，硕士学位申报人员构成也呈现明显的递增趋势，年度增幅分别为 102 人、76 人、198 人。

本科申请人员中，2017 年度比 2016 年度减少近一半，其原因在于 2017 年度区一般课题由自由申报调整为限额申报，一线申请者中本科学历占较大比例。

表 1-18　2016—2020 年课题申报者学历构成情况

年度	专科	本科	硕士	博士
2016 年	27	929	436	390
2017 年	23	530	362	430
2018 年	17	643	464	564

续表

年度	专科	本科	硕士	博士
2019年	27	574	540	724
2020年	13	796	738	807
总计	107	3 472	2 540	2 915

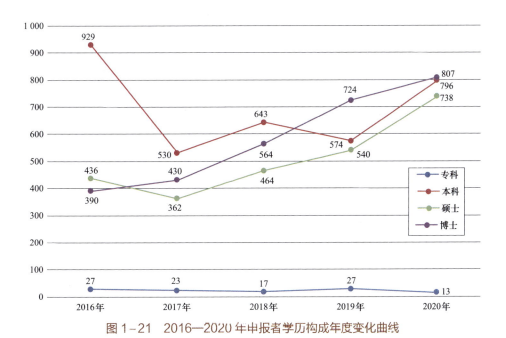

图1-21　2016—2020年申报者学历构成年度变化曲线

（一）申报者学历在课题研究方向维度的特点

1. 理论与决策研究博士占比高

从表1-19、图1-22可以看出，2016—2020年，教育基础理论研究与教育决策咨询研究呈现相同的申报数量结构，专科、本科、硕士、博士的申报数量依次增长，博士是主要申报力量。教育基础理论研究中博士占77.7%，教育决策咨询研究中博士占到78.3%。表明教育基本理论研究与教育决策咨询研究课题的定位与博士研究生的研究基础、研究关注点更为契合。

2. 本科聚焦实践类课题

教育教学实践研究中，申报数量从本科、硕士研究生、博士研究生依次递减，但各自体量均大于教育基本理论研究与教育决策咨询研究。

专科及以下学历者的申报数量较少,且主要集中在教育教学实践研究方向（见表1-19）。

表1-19 2016—2020年间各类课题申报者学历构成情况

职称结构	教育基础理论研究	教育决策咨询研究	教育教学实践研究	小计
专科	1	1	105	107
本科	51	26	3 395	3 472
硕士	104	141	2 295	2 540
博士	545	606	1 764	2 915
小计	701	774	7 559	9 034

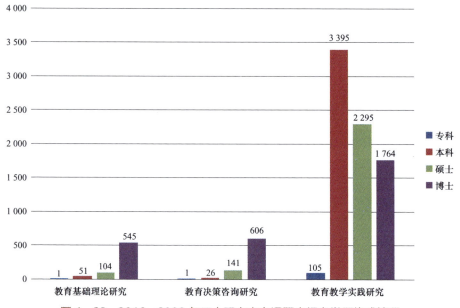

图1-22 2016—2020年三大研究方向课题申报者学历构成情况

（二）申报者学历在课题类型维度的特点

1. 经费资助类课题中,博士、硕士是申报主体

优先关注课题的申报者以博士、硕士为绝对主体,两者合占90.0%,其中博士占比67.1%,硕士占比23%；重点课题的申报者中博士占比56.8%,硕士学历占比25.2%；青年专项课题的申报者中,博士占44.1%,硕士占比35.2%

(见表1-20及图1-23)。

2. 本科生是校本研究专项课题和一般课题的申报主体

校本研究专项课题中,申报者的学历以本科为主体,占比76.8%,硕士占比20.9%,这表明中小学、幼儿园领导的学历仍以本科、硕士研究生为主,博士研究生较少。

一般课题的申报者中,本科占58.5%,硕士占28.4%,博士占11.4%(见表1-20及图1-23)。

表1-20 2016—2020年各类课题申报者学历构成情况

职称结构	重大课题	优先关注课题	重点课题	青年专项课题	校本研究专项课题	一般课题	小计
专科	0	4	9	22	12	60	107
本科	0	40	422	383	592	2 035	3 472
硕士	2	100	601	686	161	990	2 540
博士	4	294	1 356	859	6	396	2 915
小计	6	438	2 388	1 950	771	3 481	9 034

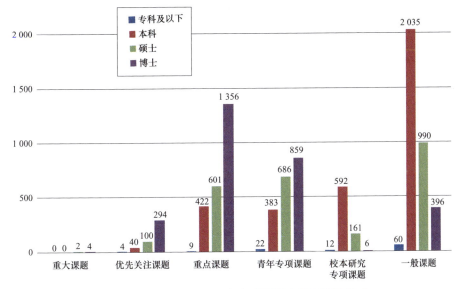

图1-23 2016—2020年各类课题申报者学历构成

从整体上看,博士研究生学历者更倾向申报重点课题、青年专项课题和优先关注课题;硕士研究生学历者申报的覆盖面比较广,各类课题中均有可观的申报数量;本科学历者以中小学教师为主,倾向于申报校本研究专项课题和一般课题。

第二章
课题立项数据透析首都教育科研发展

  导　引

　　本章参照课题申报数据分析框架,对2016—2020年规划课题的立项数据进行统计,并与申报数据进行对比分析。从中挖掘立项课题在研究队伍、研究热点、承担单位等方面的现状与特点。

第一节　"十三五"时期教育科学规划课题立项概况

一、"十三五"时期,北京市教育科学规划课题立项整体情况

"十三五"规划期间,北京市教育科学规划课题共立项1 876项课题。其中,2016年共立项252项、2017年共立项376项、2018年共立项409项、2019年共立项418项、2020年共立项421项(见图2-1)。自2017年各区一般课题执行限额申报后,各区一般课题的立项数量相对稳定,其中2017年一般课题229项、2018年一般课题241项、2019年一般课题240项、2020年一般课题239项。

二、近四年立项规模基本稳定,立项率持续走低

受研究经费、研究规划和质量保证的影响,"十三五"期间立项数基本稳定在410~420项,但因申报数量的持续增长,近四年立项率持续走低,多年

图 2-1 "十三五"时期北京市教育科学规划课题年度立项总数统计

连续申请屡屡不中者比比皆是。2020 年的申报数再次突破最高值,课题立项率为 17.9%,跌至近四年的最低点。2019 年立项率为 22.4%,2018 年为 24.2%,2017 年为 28.0%,呈持续走低趋势(见表 2-1 及图 2-2)。

表 2-1 "十三五"时期北京市教育科学规划课题立项情况

年度	申报数	立项数	平均立项率
2016 年	1 782	252	14.1%
2017 年	1 345	376	28.0%
2018 年	1 688	409	24.2%
2019 年	1 865	418	22.4%
2020 年	2 354	421	17.9%

三、教育教学实践研究立项占比超大且立项率相对较高

从三大研究方向看,教育基础理论研究申报 702 项、113 项,立项率 16.1%,占立项总数的 6.0%;教育决策咨询研究申报 773 项、立项 128 项,立项率 16.6%,占立项总数的 6.8%;教育教学实践研究申报 7 559 项、立项 1 635 项,立项率 21.6%,占立项总数的 87.2%,高于教育决策咨询研究和教育基础理论的立项率(见表 2-2 及图 2-3、图 2-4)。

图2-2 "十三五"时期北京市教育科学规划课题立项率走势

表2-2 三大研究方向课题立项情况

研究方向	教育基础理论研究	教育决策咨询研究	教育教学实践研究
申报数	702	773	7 559
立项数	113	128	1 635
立项率	16.1%	16.6%	21.6%
占比	6.0%	6.8%	87.2%

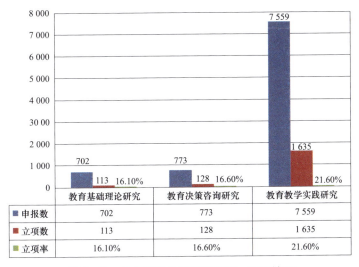

图2-3 三大研究方向课题申报、立项情况

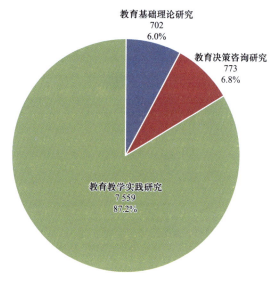

图 2-4 三大研究方向课题立项占比情况

四、课程教学评价领域的立项占比高且立项率也高

从研究领域看,课程、教学、评价改革研究立项 1 089 项,占立项总数的 58.0%,其次为学生发展研究 241 项,占 12.8%,教育人才队伍建设研究立项占比 6.6%,传统文化教育与德育研究占比 6.1%,其余研究领域立项占比相对较小(见表 2-3 及图 2-5)。

表 2-3 十大研究领域课题申报、立项情况

研究领域	申报数	立项数	申报占比	立项占比	立项率
教育宏观战略与政策研究	278	53	3.1%	2.8%	19.1%
教育基本理论与国际比较研究	194	29	2.1%	1.5%	14.9%
教育治理体系研究	270	47	3.0%	2.5%	17.4%
课程、教学、评价改革研究	4 774	1 089	52.8%	58.0%	22.8%
学生发展研究	1 191	241	13.2%	12.8%	20.2%
教育人才队伍建设研究	668	123	7.4%	6.6%	18.4%
教育资源配置与效益研究	229	57	2.5%	3.0%	24.9%
教育信息化研究	618	91	6.8%	4.9%	14.7%

续表

研究领域	申报数	立项数	申报占比	立项占比	立项率
传统文化教育与德育研究	623	114	6.9%	6.1%	18.3%
生态文明教育与可持续发展教育研究	189	32	2.1%	1.7%	16.9%
合计	9 034	1 876	/	/	/

图2-5 十大研究领域课题申报、立项情况

五、重点课题与青年专项课题的立项率偏低

从课题类别看，重大课题立项数为5项，立项率83.3%；优先关注课题立项数为117项，立项率26.7%；重点课题立项数为183项，立项率7.7%；青年专项课题立项数为182项，立项率9.3%；校本研究专项课题立项数为169项，立项率21.9%；一般课题立项数为1 220项，立项率35.0%（见表2-4及图2-6）。

表 2-4 六类课题的申报、立项情况

课题类型	申报数	立项数	立项率
重大课题	6	5	83.3%
优先关注课题	438	117	26.7%
重点课题	2 388	183	7.7%
青年专项课题	1 950	182	9.3%
校本研究专项课题	771	169	21.9%
一般课题	3 481	1 220	35.0%
合计	9 034	1 876	20.8%

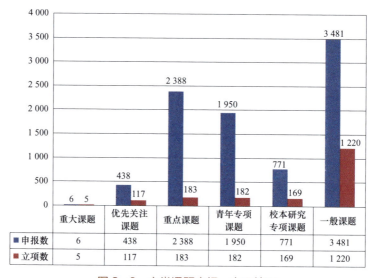

图 2-6 六类课题申报、立项情况

第二节 高校与研究机构课题的立项特点

"十三五"规划时期，北京市教育科学规划共立项 1 876 项课题，其中高校与科研机构 473 项，占比 25.2%。2016 年 54 项，2017 年 93 项，2018 年 99 项，2019 年 111 项，2020 年 116 项。16 个区（含燕山区）共立项 1 403 项，占比 74.8%（见图 2-7）。

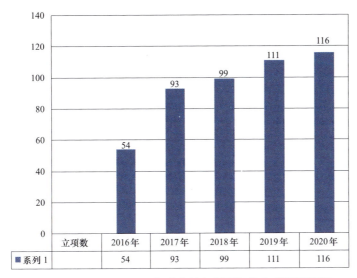

图 2-7 2016—2020 年度高校与科研机构立项课题数量

一、高校与科研机构立项总体情况

（一）依据立项课题数量，立项单位可分为三个梯队

第一梯队以北京师范大学、北京教育科学研究院等 6 所高校或科研机构为代表，各年度均有课题立项，立项总数在 21 项以上。其中，北京师范大学立项数量最多，共 83 项，占高校与科研机构立项总数的 17.5%；北京教育科学研究院次之，立项总数为 63 项，占 13.3%（见表 2-5）。

第二梯队以北京建筑大学、北京开放大学、首都医科大学、北京电子科技职业学院等高校为代表，共有 14 所高校，立项总数在 5~17 项。部属院校中，北京理工大学、清华大学立项数量比较靠前（见表 2-5）。

第三梯队为偶有课题立项的高校，共计 47 所，立项总数为 1~4 项。此类高校涵盖部属院校、市属院校以及少数企事业单位（国家体育总局体育科学研究所、人民教育出版社、北京自然博物馆等）（见表 2-5）。

表 2-5 "十三五"期间高校与科研机构课题立项情况

序号	高校及研究机构	2016 年	2017 年	2018 年	2019 年	2020 年	小计
1	北京师范大学	13	23	16	12	19	83
2	北京教育科学研究院	10	11	19	9	14	63

续表

序号	高校及研究机构	2016年	2017年	2018年	2019年	2020年	小计
3	北京教育学院	5	6	7	7	6	31
4	北京联合大学	4	5	7	6	8	30
5	首都师范大学	5	7	5	5	1	23
6	中国教育科学研究院	4	5	4	6	2	21
7	北京建筑大学		3		7	7	17
8	北京开放大学	1	1	5	4	3	14
9	首都医科大学			1	4	7	12
10	北京电子科技职业学院		2	1	3	6	12
11	北京理工大学		2	3	4	2	11
12	清华大学		1	1	4	4	10
13	北京工业大学	2		4	2	2	10
14	中国人民大学	1	2	1	3	2	9
15	北京教育考试院				5	2	7
16	北京大学	1		2	2	2	7
17	国家教育行政学院	1	2	1	1		5
18	北京科技大学		2	1	1	1	5
19	中央财经大学	1		1	3		5
20	北京财贸职业学院		1	3		1	5
21	国家发改委		4				4
22	北京邮电大学	1	1	1		1	4
23	北京舞蹈学院			1	1	2	4
24	北京体育大学				2	2	4
25	国家开放大学	1			2	1	4
26	对外经济贸易大学		1		1	2	4
27	北方工业大学		1		1	2	4
28	中国人民公安大学			2	1		3

续表

序号	高校及研究机构	2016年	2017年	2018年	2019年	2020年	小计
29	北京工商大学			2	1		3
30	第二外国语学院			1	1	1	3
31	北京信息科技大学	1			1	1	3
32	中国传媒大学				1	2	3
33	北京劳动保障职业学院		1		1	1	3
34	北京农学院				1	2	3
35	东城区职业大学		2			1	3
36	北京语言大学	1		1			2
37	北京城市学院			2			2
38	北京信息职业技术学院			1	1		2
39	北京工业职业技术学院			2			2
40	北京市商业学校		1	1			2
41	首都经济贸易大学		2				2
42	国际关系学院	1	1				2
43	中国社会科学研究院大学				1	1	2
44	中华女子学院		1			1	2
45	北京政法职业学院			1			1
46	北京经济技术职业学院			1			1
47	北京航空航天大学		1				1
48	中国石油大学				1		1
49	中科院心理所				1		1
50	北京自然博物馆				1		1
51	北京青年政治学院					1	1
52	中关村学院				1		1
53	华北电力大学				1		1
54	中国戏曲学院		1				1

续表

序号	高校及研究机构	2016年	2017年	2018年	2019年	2020年	小计
55	中央民族大学				1		1
56	中国劳动关系学院					1	1
57	国家体育总局体育科学研究所		1				1
58	首都体育学院		1				1
59	北京林业大学		1				1
60	北京农业职业学院				1		1
61	北京外国语大学					1	1
62	北京戏曲艺术职业学校	1					1
63	中国政法大学					1	1
64	北京化工大学					1	1
65	北京中医药大学					1	1
66	人民教育出版社					1	1
67	北京市对外贸易学校			1			1
	总计	54	93	99	111	116	473

（二）8个单位实现各年度均有立项

67个立项单位中，仅有8个单位达到了各年度均有课题立项。其中，北京师范大学各年度立项课题数量遥遥领先，领跑高校；北京教育科学研究院各年度立项课题的数量同样非常抢眼，仅次于北京师范大学；市属高校中，北京联合大学的课题立项数量处于高位，立项总数超首都师范大学；北京教育学院、中国教育科学研究院同样有较好的立项表现；中国人民大学、北京开放大学在申报数量不多的情况下，实现了各年度均有课题立项的好成绩。

从立项率看，北京教育科学研究院立项率最高，为33.5%；北京师范大学、中国教育科学研究院、北京开放大学、中国人民大学的立项率接近，约为19%；首都师范大学、北京联合大学的立项率相对较低，分别为14.6%、10.0%（见表2-6及图2-8）。

表2-6 年度均有课题立项单位情况

序号	高校及研究机构	2016年		2017年		2018年		2019年		2020年		立项率
		申报	立项	申报	立项	申报	立项	申报	立项	申报	立项	
1	北京师范大学	58	13	82	23	80	16	106	12	113	19	18.9%
2	北京教育科学研究院	32	10	28	11	37	19	43	9	48	14	33.5%
3	北京教育学院	26	5	46	6	42	7	46	7	33	6	16.1%
4	北京联合大学	35	4	70	5	58	7	64	6	72	8	10.0%
5	首都师范大学	25	5	28	7	33	5	37	5	34	1	14.6%
6	中国教育科学研究院	19	4	18	5	17	4	34	6	24	2	18.8%
7	北京开放大学	5	1	9	1	23	5	22	4	15	3	18.9%
8	中国人民大学	8	1	5	2	14	1	12	3	9	2	18.8%

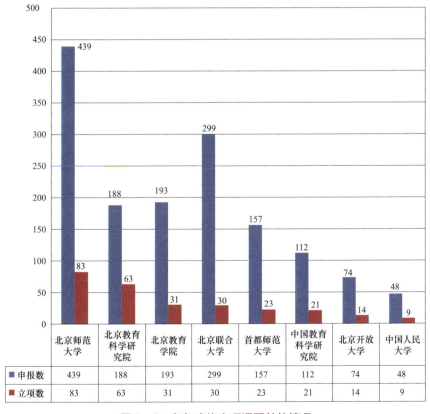

图2-8 各年度均立项课题单位情况

二、立项单位在三大研究方向维度的特点

"十三五"时期,67 所课题立项单位中,科研机构 5 所,部属高校 24 所,市属高校 38 所(见表 2-8)。

(一)部属高校在理论研究与决策咨询研究方面优势明显

从课题研究方向看,部属高校在教育基础理论研究与教育决策咨询研究中的立项数量明显高于市属高校与科研机构的立项数量。科研机构与市属高校在教育基础理论研究与教育决策咨询研究方面,立项数量差别不大,但从单位平均立项数量看,科研机构占据明显优势(见表 2-7 及图 2-9)。

表 2-7 "十三五"时期高校课题立项情况统计

	单位数量	教育基础理论研究	教育决策咨询研究	教育教学实践研究	立项总数
科研机构	5	28	26	69	123
市属高校	38	20	32	131	183
部属高校	24	40	51	76	167
小计	67	88	109	276	473

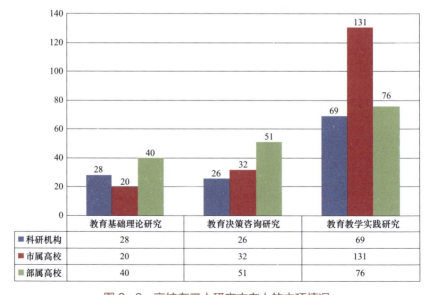

图 2-9 高校在三大研究方向上的立项情况

（二）市属高校在教育教学实践研究方面更占优势

在教育教学实践研究方面，科研机构、市属高校、部属高校的课题立项数量均远超教育基础理论研究与教育决策咨询研究的立项数量。但市属高校的立项数量最多，共131项；部属高校与科研机构的立项数量相近，分别为76项、69项（见表2-7及图2-9）。

（三）科研机构全面发力，立项数量遥遥领先

从整体上看，教育科研机构数量少，但北京教育科学研究院、中国教育科学研究院、北京教育学院在三类课题上均有相当可观的立项数量，表现出较强的教育科研水平与能力（见表2-8及图2-10）。

表2-8　三所教育科研机构课题立项情况

高校及研究机构	教育基础理论研究	教育决策咨询研究	教育教学实践研究	立项总数
北京教育科学研究院	12	35	16	63
中国教育科学研究院	6	9	6	21
北京教育学院	9	19	3	31
小计	27	63	25	115

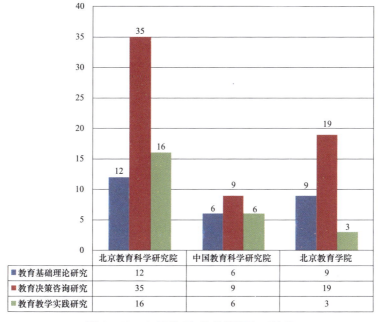

图2-10　3所科研机构的课题立项情况

三、立项单位在六种课题类别维度的特点

从六类课题的立项情况看，科研机构与部属院校的表现较为突出（见表2-9及图2-11）。

表2-9 "十三五"时期高校与科研机构课题立项情况统计

分类	单位数量	重大课题	优先关注课题	重点课题	青年专项课题	一般课题	立项总数
科研机构	5	3	45	27	19	29	123
部属高校	38	2	45	69	35	16	183
市属高校	24	0	19	31	33	100	167
小计	67	5	109	127	87	145	473

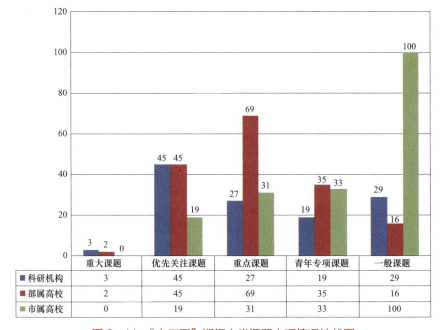

图2-11 "十三五"期间六类课题立项情况柱状图

（一）重大课题集中在科研机构与部属高校

重大课题立项方面，5所科研机构共立项3项重大课题，分别为北京教育科学研究院1项、北京教育学院1项、北京教育考试院1项。部属高校承担2

项,分别为北京大学 1 项、北京理工大学 1 项。

(二)优先关注课题主要集中在三家单位

优先关注课题立项数量最多的三家单位为:北京师范大学、北京教育科学研究院、中国教育科学研究院。

部属高校中,北京师范大学共立项 28 项,数量最多。此外,国家教育行政学院、国家发改委、清华大学、北京理工大学各有 3 项课题立项。

科研机构方面,五年间 4 所科研机构①共承担 45 项优先关注课题,平均立项数量远超部属高校与市属高校。其中,北京教育科学研究院立项 22 项,各年度均有立项,2018 年立项 7 项;中国教育科学研究院立项 16 项,位居第二位;北京教育学院、北京教育考试院分别有 4 项、3 项。

市属高校中,优先关注课题的立项数量相对较少,10 所院校共立项 19 项课题。其中,立项数量最多的为首都师范大学(5 项);其余院校立项 1~3 项不等(见表 2–10)。

表 2–10 2016—2020 年优先关注课题立项情况

分类	高校及研究机构	2016 年	2017 年	2018 年	2019 年	2020 年	小计
科研机构	北京教育科学研究院	3	3	7	4	5	22
	北京教育学院		1	1	1	1	4
	北京教育考试院				2	1	3
	中国教育科学研究院	3	4	4	4	1	16
部属高校	国家教育行政学院		1	1	1		3
	国家发改委		3				3
	北京大学			1	1		2
	清华大学			1	1	1	3
	中国人民大学	1			1		2
	北京师范大学	2	9	4	6	7	28
	北京理工大学			2	1		3
	中国戏曲学院		1				1

---

① 中科院心理所 2019 年参与申报,仅立项 1 项课题。

续表

分类	高校及研究机构	2016年	2017年	2018年	2019年	2020年	小计
市属高校	北京科技大学		1		1		2
	北京工业大学					1	1
	首都师范大学		1	1	2	1	5
	第二外国语学院					1	1
	北京联合大学			2		1	3
	北京开放大学		1				1
	北京电子科技职业学院					3	3
	北京信息科技大学	1					1
	北京自然博物馆				1		1
	北方工业大学					1	1

（三）重点课题部属高校立项数遥遥领先

部属高校共立项重点课题69项，市属高校共立项31项，科研机构共立项27项。

从各单位的立项数量看，北京师范大学立项数量最多，达42项，独占鳌头；其次为北京教育科学研究院15项，首都师范大学10项，北京教育学院9项，这4个单位近乎每年均有重点课题立项。

部属高校中，北京大学、清华大学、中国人民大学、北京理工大学、对外经济贸易大学均有3～4项重点课题立项。市属高校中，北京工业大学、北京联合大学、北京开放大学、北京体育大学也有3～4项课题立项。其余单位则立项数量较少（见表2-11）。

表2-11 2016—2020年重点课题立项情况

分类	高校及研究机构	2016年	2017年	2018年	2019年	2020年	小计
科研机构	北京教育科学研究院	3	3	5	1	3	15
	北京教育学院	2	2	1	3	1	9
	北京教育考试院					1	1

续表

分类	高校及研究机构	2016年	2017年	2018年	2019年	2020年	小计
科研机构	中国教育科学研究院				1		1
	中科院心理所				1		1
部属高校	北京大学	1		1		1	3
	清华大学		1		2	1	4
	中国人民大学			1	2	1	4
	北京师范大学	8	12	9	4	9	42
	北京邮电大学		1			1	2
	中央财经大学				2		2
	北京理工大学		1	1	1		3
	中国人民公安大学			1			1
	中国石油大学				1		1
	国家开放大学				1		1
	中国传媒大学					1	1
	对外经济贸易大学		1			2	3
	北京航空航天大学		1				1
	国家体育总局体育科学研究所		1				1
市属高校	北京科技大学					1	1
	北京工业大学	2		1	1		4
	北京工商大学			1			1
	首都师范大学	3	3	3	1		10
	北京舞蹈学院					1	1
	北京联合大学	1	1			1	3
	北京开放大学	1		1	1		3
	北京财贸职业学院			2			2
	北京建筑大学				1		1
	北京体育大学				2	1	3
	国际关系学院	1	1				2

（四）青年专项课题立项单位整体较为分散

青年专项课题立项单位整体较为分散，部属高校 15 所单位共立项 35 项，市属高校 17 所单位共立项 33 项；科研机构 3 所单位共立项 19 项。具体到各个单位，北京师范大学立项最多为 11 项，其次为北京教育科学研究院 8 项，北京教育学院、首都师范大学各 7 项（见表 2-12）。

表 2-12　2016—2020 年青年专项课题立项情况

分类	高校及研究机构	2016 年	2017 年	2018 年	2019 年	2020 年	小计
科研机构	北京教育科学研究院	1	3	2	2		8
	北京教育学院	1	2	1	1	2	7
	中国教育科学研究院	1	1		1	1	4
部属高校	国家教育行政学院	1	1				2
	国家发改委		1				1
	清华大学				1	1	2
	中国人民大学		2			1	3
	北京师范大学	3	2	3	1	2	11
	北京邮电大学	1		1			2
	北京语言大学		1		1		2
	中央财经大学	1		1	1		3
	北京理工大学				1	1	2
	中国人民公安大学			1	1		2
	国家开放大学					1	1
	对外经济贸易大学				1		1
	中央民族大学				1		1
	中华女子学院		1				1
	中国戏曲学院	1					1
市属高校	北京工业大学			3	1	1	5
	北京工商大学			1			1
	首都师范大学	2	2	1		2	7
	北京联合大学	1		1	2	1	5

续表

分类	高校及研究机构	2016年	2017年	2018年	2019年	2020年	小计
市属高校	北京开放大学				1		1
	北京电子科技职业学院		1				1
	北京财贸职业学院		1				1
	北京市商业学校		1				1
	北京经济技术职业学院			1			1
	北京建筑大学		1		1		2
	北京体育大学					1	1
	首都经济贸易大学		2				2
	北京信息科技大学					1	1
	首都体育学院						
	北京林业大学		1				1
	北京农业职业学院				1		1
	北京化工大学					1	1

（五）一般课题立项主要集中在市属高校

一般课题立项主要集中在市属高校，共计100项。其中，北京联合大学（19项）、北京建筑大学（14项）、首都医科大学（12项）立项数量相对较多。

科研机构中，北京教育科学研究院、北京教育学院的立项数量较多，分别为17项、10项。

与市属高校与科研机构不同，部属高校对一般课题的申报热情不高，课题立项数相对较少，11所单位5年共立项16项课题（见表2-13）。

表2-13　2016—2020年一般课题立项情况

分类	高校及研究机构	2016年	2017年	2018年	2019年	2020年	小计
科研机构	北京教育科学研究院	2	2	5	2	6	17
	北京教育学院	2	1	3	2	2	10
	北京教育考试院				2		2

续表

分类	高校及研究机构	2016年	2017年	2018年	2019年	2020年	小计
部属高校	北京大学				1		1
	清华大学					1	1
	北京师范大学				1	1	2
	北京理工大学				1	1	2
	国家开放大学	1			1		2
	中国传媒大学				1	1	2
	中国社会科学研究院大学				1	1	2
	中国劳动关系学院					1	1
	中华女子学院					1	1
	中国政法大学					1	1
	北京外国语大学					1	1
市属高校	北京科技大学		1	1			2
	北京工商大学				1		1
	首都医科大学			1	4	7	12
	首都师范大学		1				1
	第二外国语学院			1	1		2
	北京舞蹈学院			1	1	1	3
	北京联合大学	2	4	4	4	5	19
	北京开放大学			4	2	3	9
	北京城市学院			2			2
	北京信息职业技术学院			1	1		2
	北京电子科技职业学院		1	1	3	3	8
	北京工业职业技术学院			2			2
	北京政法职业学院			1			1
	北京财贸职业学院			1		1	2
	北京市商业学校			1			1
	北京建筑大学		2		5	7	14

续表

分类	高校及研究机构	2016 年	2017 年	2018 年	2019 年	2020 年	小计
市属高校	北京信息科技大学				1		1
	北京劳动保障职业学院		1		1	1	3
	北京农学院				1	2	3
	北京青年政治学院					1	1
	中关村学院				1		1
	华北电力大学				1		1
	北方工业大学		1		1	1	3
	东城区职业大学		2			1	3
	北京中医药大学					1	1
	人民教育出版社					1	1
	北京市对外贸易学校			1			1

第三节 16区课题的立项特点

"十三五"规划时期,北京市教育科学规划课题共立项课题 1 876 项,其中各区(含燕山区)共立项 1 403 项,占比 74.8%。2016年立项 198 项,2017年立项 283 项,2018年立项 310 项,2019年立项 307 项,2020年立项 305 项(见图 2-12)。

一、各区课题立项总体情况

(一)城六区课题立项数量远超远郊区

城六区中课题立项总数为 867 项,其中海淀区立项数量最多,共 230 项,朝阳区次之,共 189 项,东城区(130 项)、西城区(118 项)、石景山区(126 项)三个区的立项数量接近;丰台区立项数量较少,共 74 项。

远郊区共立项 536 项,立项数量较多的几个区为:顺义区(88 项)、大兴区(82 项)、昌平区(78 项)、通州区(63 项)(见表 2-14)。

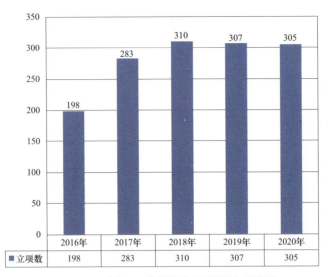

图2-12 "十三五"期间各区课题立项情况

表2-14 "十三五"期间各区立项课题情况

区名称	2016年	2017年	2018年	2019年	2020年	小计
东城	23	24	31	28	24	130
西城	14	27	27	26	24	118
朝阳	39	32	39	38	41	189
海淀	45	38	44	46	57	230
丰台	3	18	17	18	18	74
石景山	17	25	29	29	26	126
门头沟	2	9	10	9	10	40
房山	8	10	8	9	7	42
通州	5	13	17	13	15	63
大兴	7	19	20	18	18	82
昌平	9	15	19	18	17	78
顺义	10	21	20	21	16	88
平谷	2	2	3	3	2	12
怀柔	2	5	6	9	9	31
密云	3	8	6	7	6	30

续表

区名称	2016 年	2017 年	2018 年	2019 年	2020 年	小计
延庆	8	13	11	12	12	56
燕山	1	4	3	3	3	14
总计	198	283	310	307	305	1 403

（二）各区经费资助类课题立项差距明显

各区在有经费资助类课题的立项方面差距明显。从立项占比看，海淀区独占鳌头，占总立项课题总数的 20.7%，但立项占比小于申报占比；朝阳区占 13.4%，立项占比小于申报占比；西城区占 11.9%，东城区占 8.5%，立项占比均高于申报占比（见表 2-15）。

表 2-15 "十三五"期间各区经费资助类课题立项情况

区名称	优先关注课题	重点课题	青年专项课题	校本研究专项	小计	立项占比	申报占比
东城	3	3	7	15	28	8.5%↑	6.6%
西城	0	11	12	16	39	11.9%↑	8.6%
朝阳	1	5	13	25	44	13.4%↓	17.5%
海淀	2	23	24	19	68	20.7%↓	23.4%
丰台	0	3	2	6	11	3.4%	3.7%
石景山	1	5	5	9	20	6.1%↓	6.5%
门头沟	0	1	3	5	9	2.7%	2.5%
房山	0	0	3	10	13	4.0%	3.9%
通州	0	2	3	8	13	4.0%	2.2%
大兴	1	1	7	10	19	5.8%	7.1%
昌平	0	1	7	13	21	6.4%↑	4.8%
顺义	0	0	7	10	17	5.2%↓	6.0%
平谷	0	0	0	3	3	0.9%	0.8%
怀柔	0	1	0	4	5	1.5%	0.9%
密云	0	0	1	8	9	2.7%	3.2%

续表

区名称	优先关注课题	重点课题	青年专项课题	校本研究专项	小计	立项占比	申报占比
延庆	0	0	0	6	6	1.8%	1.1%
燕山	0	0	1	2	3	0.9%	1.2%
总计	8	56	95	169	328	100.0%	100.0%

二、立项课题在三大研究方向维度的特点

（一）基础理论研究与决策咨询研究是一线研究者的弱项

区级层面的研究者在教育基础理论研究与教育决策咨询研究方面的课题立项数量比较少。五年间，教育基础理论研究共立项 25 项课题，其中东城区 6 项、海淀区 4 项，立项数相对较多。教育决策咨询研究方面，五年共立项 19 项课题，其中海淀区 6 项，石景山区 3 项，昌平区 3 项，是立项较多的三个区（见表 2-16）。

（二）一线研究者是教育实践研究的主力军

从立项数量看，各区共立项教育教学实践研究课题 1 359 项，占各区立项总数的 96.9%；占五年全部立项课题总数的 72.4%。

城六区中，立项数量从多到少依次为：海淀区 220 项、朝阳区 186 项、东城区 123 项、石景山区 121 项、西城区 118 项、丰台区 72 项。

远郊区中，立项数量较多的区为：顺义区 86 项、大兴区 81 项、昌平区 74 项、通州区 61 项（见表 2-16）。

表 2-16 "十三五"期间各区在三大研究方向的立项情况

区名称	教育基础理论研究	教育决策咨询研究	教育教学实践研究	小计
东城	6	1	123	130
西城			118	118
朝阳	1	2	186	189
海淀	4	6	220	230
丰台	1	1	72	74

续表

区名称	教育基础理论研究	教育决策咨询研究	教育教学实践研究	小计
石景山	2	3	121	126
门头沟	1	1	38	40
房山	1		41	42
通州	1		61	62
大兴	1		81	82
昌平	1	3	74	78
顺义	1	1	86	88
平谷			12	12
怀柔			31	31
密云	1		29	30
延庆	3		53	56
燕山	1		13	14
总计	25	19	1 359	1 403

三、立项课题在五种课题类别维度的特点

(一) 一线教师立项优先关注课题较为困难

优先关注课题方面，五年间各区共立项 8 项课题，立项数量较少，立项单位分别为：东城区 3 项、海淀区 2 项、朝阳区 1 项、石景山区 1 项、大兴区 1 项。与高校与科研机构相比（立项 109 项），一线教师在优先关注课题的申报与立项中处于劣势（见表 2-17 及图 2-13）。

表 2-17 "十三五"期间各区在五类课题的立项情况

区名称	优先关注课题	重点课题	青年专项课题	校本研究专项课题	一般课题	小计
东城	3	3	7	15	102	130
西城	0	11	12	16	79	118
朝阳	1	5	13	25	145	189

续表

区名称	优先关注课题	重点课题	青年专项课题	校本研究专项课题	一般课题	小计
海淀	2	23	24	19	162	230
丰台	0	3	2	6	63	74
石景山	1	5	5	9	106	126
门头沟	0	1	3	5	31	40
房山	0	0	3	10	29	42
通州	0	2	3	8	50	63
大兴	1	1	7	10	63	82
昌平	0	1	7	13	57	78
顺义	0	0	7	10	71	88
平谷	0	0	0	3	9	12
怀柔	0	1	0	4	26	31
密云	0	0	1	8	21	30
延庆	0	0	0	6	50	56
燕山	0	0	1	2	11	14
总计	8	56	95	169	1 075	1 403

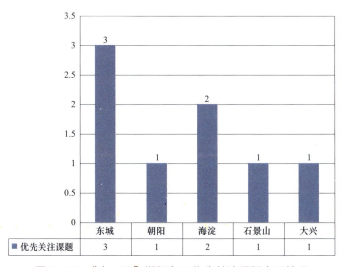

图2-13 "十三五"期间各区优先关注课题立项情况

（二）各区重点课题立项远不及高校与科研机构

重点课题方面，五年间各区共立项 56 项课题，不及高校与科研机构共立项数量的一半（高校与科研机构共立项 127 项）。海淀区立项 23 项，远超其他区；西城区立项 11 项，位居第二；朝阳区、石景山区各立项 5 项；丰台区、东城区各立项 3 项，东城区在重点课题上的立项并不突出（见表 2-17 及图 2-14）。

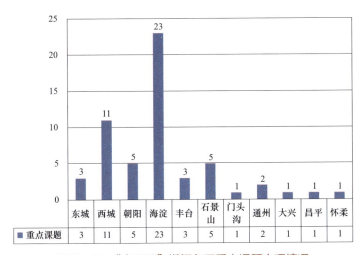

图 2-14 "十三五"期间各区重点课题立项情况

（三）青年专项课题，区县与高校、科研机构平分秋色

青年专项课题方面，五年间各区共立项 95 项课题，略高于高校与科研机构的立项数量 87 项。其中海淀区立项 24 项，占比 25.3%；朝阳区、西城区分别立项 13 项、12 项，立项数量相对较多；东城区、大兴区、昌平区、顺义区各立项 7 项；平谷区、怀柔区、延庆区无立项（见表 2-17 及图 2-15）。

（四）朝阳、海淀、东城、西城在校本研究专项课题立项中实力较强

校本研究专项课题方面，五年间各区共立项 169 项课题。其中朝阳、海淀区立项数量较多，分别为 25 项、19 项；西城区、东城区、昌平区、顺义区、大兴区、房山区立项数量超过 10 项；其余各区立项数量相对较少（见表 2-17 及图 2-16）。

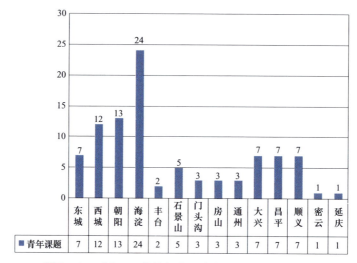

图2-15 "十三五"期间各区青年专项课题立项情况

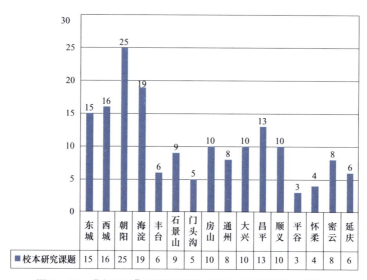

图2-16 "十三五"期间各区校本研究专项课题立项情况

(五)一般课题定额申报、区域立项率略有差异

五年间,各区共立项一般课题1 075项,占全部立项课题的57.3%。依据立项数量,16区可以分为三个梯队。

第一梯队立项数量超过100项,共4个区。分别为:海淀区162项、朝阳区145项、石景山区106项、东城区102项。

第二梯队立项数量50~100项,共7个区。分别为:西城区79项、顺义区 71 项、丰台区 63 项、大兴区 63 项、昌平区 57 项、通州区 50 项、延庆区 50 项。

第三梯队为立项数量低于 50 项的区，共 6 个区。分别为：门头沟 31 项、房山区 29 项、怀柔区 26 项、密云区 21 项、燕山区 11 项、平谷区 9 项（见表 2-18）。

从立项率看，城六区中西城区立项率较高、丰台区较低，东城区、朝阳区、海淀区、石景山区立项率接近；远郊区中，门头沟区、燕山区、通州区、延庆区立项率相对较高，其余各区立项率接近（见表 2-18）。

表 2-18 "十三五"期间各区一般课题申报与立项情况

区名称	申报数	立项数	立项率
东城	283	102	36.0%
西城	173	79	45.7%
朝阳	407	145	35.6%
海淀	419	162	38.7%
丰台	205	63	30.7%
石景山	267	106	39.7%
门头沟	62	31	50.0%
房山	80	29	36.3%
通州	115	50	43.5%
大兴	182	63	34.6%
昌平	145	57	39.3%
顺义	186	71	38.2%
平谷	27	9	33.3%
怀柔	71	26	36.6%
密云	75	21	28.0%
延庆	115	50	43.5%
燕山	22	11	50.0%
总计	2 834	1 075	37.9%

推动教育科研高质量发展的北京实践

第四节 立项课题负责人的特点

"十三五"期间,共有 1 876 项课题通过专家评审、择优立项,立项数量远超"十一五"(968 项)与"十二五"(902 项)。

一、70 后、80 后是申报主体,60 后、70 后是立项主体

2016—2020 年,从立项者的年龄看,60 后、70 后的立项率要高于 80 后和 90 后,两者合占立项总数的 68.2%,高于申报占比 60.0%;60 后、70 后的课题申报质量要优于 80 后和 90 后(见表 2-19)。

表 2-19 2016—2020 年课题申报与立项者年龄构成情况

年龄情况	2016 年		2017 年		2018 年		2019 年		2020 年		总计		
	申报	立项	申报	立项	申报	立项	申报	立项	申报	立项	申报	立项	立项率
50 后	21	5	18	4	10	4	9	3	2	0	60	16	26.7%
60 后	436	66	299	91	322	89	308	69	351	86	1 716	401	23.4%
70 后	795	126	590	168	748	195	774	193	849	196	3 756	878	23.4%
80 后	505	52	427	108	560	113	688	137	933	109	3 113	519	16.7%
90 后	25	3	11	5	48	8	86	16	219	30	389	62	15.9%
总计	1 782	252	1 345	376	1 688	409	1 865	418	2 354	421	9 034	1 876	20.8%

从不同年度立项者的年龄构成看,各年度的年龄构成结构基本一致,立项以 70 后、80 后、60 后为主。2016—2020 年,70 后的立项数量最多;2016 年,60 后立项数量超过 80 后;2017—2020 年,60 后立项数量不及 80 后;各年度,50 后、90 后立项数量均较少(见图 2-17)。

(一)立项者年龄在课题研究方向维度的特点

表 2-20 与图 2-18 表明:教育基础理论研究中,70 后、80 后是课题立项的主要力量,两者合占 80.5%,其中 70 后占比 41.6%,80 后占比 38.9%;与申报数据相比,70 后课题立项率(19.3%)要高于 80 后课题立项率(13.4%)。

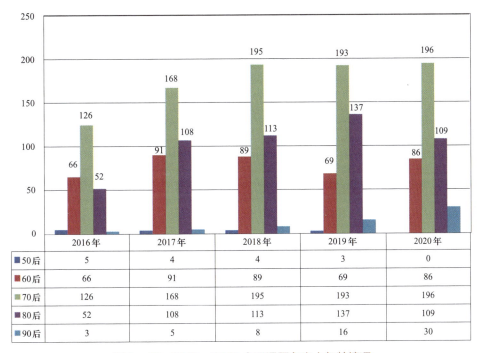

图 2-17 2016—2020 立项课题负责人年龄情况

教育决策咨询研究类课题的立项情况与教育基础理论研究课题类似，立项仍以 70 后、80 后为主，80 后课题立项数量略高于 70 后。从课题立项率看，70 后立项率高于 80 后，但两者均低于 60 后、50 后。

教育教学实践研究中，立项数量由多到少依次为：70 后、80 后、60 后、90 后、50 后，其中 70 后占比 47.9%（高于申报比重 42.9%），80 后次之，占比 25.9%（低于申报比重 31.7%）。从立项率看，70 后立项率最高，60 后立项率高于 80 后，80 后、90 后立项率相对较低（见表 2-20 及图 2-18）。

表 2-20 立项者年龄在三大研究方向上的数量统计

年龄情况	教育基础理论研究			教育决策咨询研究			教育教学实践研究			小计	
	申报	立项	立项率	申报	立项	立项率	申报	立项	立项率	申报	立项
50 后	2	1	50.0%	8	4	50.0%	49	11	22.4%	60	16
60 后	100	17	17.0%	93	24	25.8%	1 523	360	23.6%	1 716	401

推动教育科研高质量发展的北京实践

续表

年龄情况	教育基础理论研究			教育决策咨询研究			教育教学实践研究			小计	
	申报	立项	立项率	申报	立项	立项率	申报	立项	立项率	申报	立项
70后	244	47	19.3%	272	48	17.6%	3 240	783	24.2%	3 756	878
80后	328	44	13.4%	389	51	13.1%	2 396	424	17.7%	3 113	519
90后	28	4	14.3%	10	1	10.0%	351	57	16.2%	389	62
总计	702	113	16.1%	773	128	16.6%	7 559	1 635	21.6%	9 034	1 876

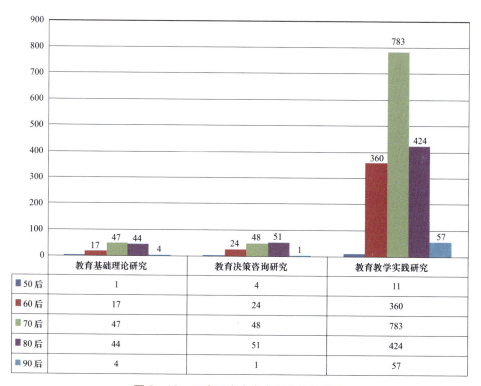

图2-18 三大研究方向立项者年龄情况

（二）申报者年龄特点在课题类型维度的特点

各类课题的立项情况如表2-21及图2-19所示。

第二章 课题立项数据透析首都教育科研发展

表 2-21 立项者年龄在课题类别维度的数量统计

年龄情况	重大课题		优先关注课题		重点课题		青年专项课题		校本研究专项课题		一般课题		小计	
	申报	立项	申报	立项	申报	立项	申报	立项	申报	立项	申报	立项	申报	立项
50后	1		9	4	27	2	0		9	5	14	5	60	16
60后	5	5	101	28	516	46	0		372	81	724	241	1 717	401
70后	0		205	54	1 296	96	87	5	345	73	1 817	650	3 751	878
80后	0		122	31	528	38	1 582	156	42	10	841	284	3 115	519
90后	0		1		21	1	281	21	3		85	40	391	62
小计	6	5	438	117	2 388	183	1 950	182	771	169	3 481	1 220	9 034	1 876

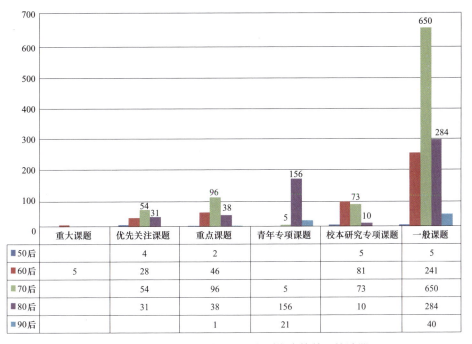

图 2-19 立项者年龄在课题类别维度的数量统计图

重大课题的立项者被 60 后囊括（见表 2-21）。

优先关注课题的立项者以 70 后为主，80 后、60 后的立项数量接近；从立项率看，从 50 后至 80 后的立项率逐渐降低，50 后最高，为 44.4%，80 后最低，为 25.4%（见表 2-22）。

表 2-22 优先关注课题的申报与立项情况

年龄情况	申报	立项	立项率	申报占比	立项占比
50 后	9	4	44.4%	2.1%	3.4%
60 后	101	28	27.7%	23.1%	23.9%
70 后	205	54	26.3%	46.8%	46.2%
80 后	122	31	25.4%	27.9%	26.5%
90 后	1		0.0%	0.2%	0.0%
小计	438	117	26.7%	100.0%	100.0%

重点课题的立项以 70 后为主，立项占比 52.5%；其次为 60 后、80 后，分别占比 25.1%、20.8%。从立项率看，60 后的立项率最高，为 8.9%，90 后仅 1 项课题立项，立项率较低。从整体上看，重点课题的立项率偏低，五年平均立项率为 7.7%，远低于优先关注课题的立项率（26.7%）（见表 2-23）。

表 2-23 重点课题的申报与立项情况

年龄情况	申报	立项	立项率	申报占比	立项占比
50 后	27	2	7.4%	1.1%	1.1%
60 后	516	46	8.9%	21.6%	25.1%
70 后	1 296	96	7.4%	54.3%	52.5%
80 后	528	38	7.2%	22.1%	20.8%
90 后	21	1	4.8%	0.9%	0.5%
小计	2 388	183	7.7%	100.0%	100.0%

青年专项课题的立项以 80 后为主，占比 85.7%；70 后、90 后的立项数量相对较少。从立项率看，80 后的立项率最高，为 9.9%；五年平均立项率为 9.3%，立项难度同样较大（见表 2-24）。

表 2-24　青年专项课题的申报与立项情况

年龄情况	申报	立项	立项率	申报占比	立项占比
70 后	87	5	5.7%	4.5%	2.7%
80 后	1 582	156	9.9%	81.1%	85.7%
90 后	281	21	7.5%	14.4%	11.5%
小计	1 950	182	9.3%	100.0%	100.0%

校本研究专项课题的立项以 60 后、70 后为主，分别占 48.2%、44.7%。除 50 后外，各年龄段的立项率基本持平。五年整体立项率为 21.9%，立项率相对较高（见表 2-25）。

表 2-25　校本研究专项课题的申报与立项情况

年龄情况	申报	立项	立项率	申报占比	立项占比
50 后	9	5	55.6%	1.2%	3.0%
60 后	372	81	21.8%	48.2%	47.9%
70 后	345	73	21.2%	44.7%	43.2%
80 后	42	10	23.8%	5.4%	5.9%
90 后	3	0	0.0%	0.4%	0.0%
小计	771	169	21.9%	100.0%	100.0%

一般课题的立项主要集中在 70 后，占比 53.3%；60 后、80 后立项数量接近；与其余课题类型不同，一般课题中，90 后立项率最高，为 47.1%，其余年龄段立项率差别不大（见表 2-26）。

表 2-26　一般课题的申报与立项情况

年龄情况	申报	立项	立项率	申报占比	立项占比
50 后	14	5	35.7%	0.4%	0.4%
60 后	724	241	33.3%	20.8%	19.8%
70 后	1 817	650	35.8%	52.2%	53.3%
80 后	841	284	33.8%	24.2%	23.3%
90 后	85	40	47.1%	2.4%	3.3%
小计	3 481	1 220	35.0%	100.0%	100.0%

二、副高职称教师立项数量、立项率"双高"

从立项者的职称结构看,"十三五"期间,副高职称者立项数量多达 1 066 项,占立项总数的 56.8%;中级职称者立项 487 项,位居第二,占比 26.0%;初级职称者与正高级职称者立项数量相对较少,分别占 10.1%、7.1%。

从立项率看,副高职称者立项率最高,达 24.1%;中级职称、正高级职称、初级职称的立项相差不多,为 17%~18%(见表 2-27 及图 2-20)。

表 2-27 2016—2020 年间申报者与立项者职称结构情况统计

职称结构	申报数	立项数	立项率	申报占比	立项占比
初级	1 013	189	18.7%	11.2%	10.1%
中级	2 825	487	17.2%	31.3%	26.0%
副高	4 421	1 066	24.1%	48.9%	56.8%
正高	775	134	17.3%	8.6%	7.1%
总计	9 034	1 876	20.8%	100.0%	100.0%

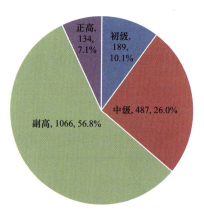

图 2-20 2016—2020 年申报者职称结构统计

(一)立项者职称在课题研究方向维度的特点

1. 基础理论与决策咨询高度一致,中级与副高平分秋色

从表 2-28、图 2-21 可以看出,教育基础理论研究与教育决策咨询研究

立项者的职称构成结构高度一致。教育基础理论研究中，中级职称与副高职称均立项 44 项，两者合占 77.9%；正高职称者立项 19 项，占比 16.8%；初级职称者立项数量较少，仅 6 项。

教育决策咨询研究中，副高职称者立项 55 项、中级职称者立项 45 项，两者合占 78.1%；正高职称者立项 22 项，占比 17.2%；初级职称者仅立 6 项。

表 2-28　立项者职称在三大研究方向的数量统计

职称结构	教育基本理论研究	教育决策咨询研究	教育教学实践研究	小计
初级	6	6	177	189
中级	44	45	398	487
副高	44	55	967	1 066
正高	19	22	93	134
小计	113	128	1 635	1 876

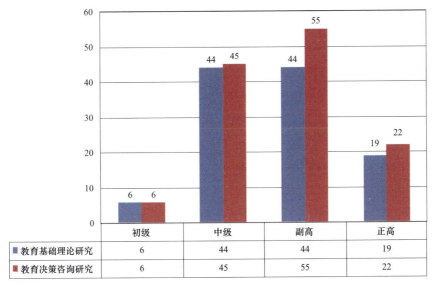

图 2-21　立项者在基础理论研究与决策咨询研究中的立项情况

2. 副高占据教育教学实践研究的半壁江山

教育教学实践研究方向中，副高职称立项者数量最多，占 59.1%；是中级职称人数的 2.4 倍，是正高人数的 10.4 倍（见图 2-22）。

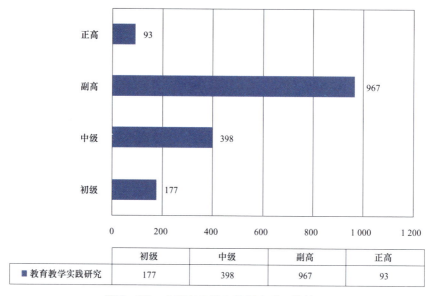

图2-22 立项者在教育教学实践研的情况

从三类课题的立项情况看,立项教育教学实践研究的副高人数是基础理论研究人数的22倍,是教育决策咨询研究人数的17.5倍。三类课题的立项体量严重不均衡。

(二)立项者职称在课题类型维度的特点

1. 重大课题的立项者全部为正高级职称

申报者具有正高级职称是申报重大课题的资格规定。

2. 优先关注课题、重点课题的立项以高级职称为主

优先关注课题、重点课题的经费资助额度较高,高级职称者更倾向于申报这两类课题。优先关注立项课题中,高级职称占74.4%,其中副高占41.0%;重点课题中,高级职称占比83.5%,其中副高占64.4%(见表2-29,图2-23)。

3. 青年专项课题的立项以中级职称为主

青年专项课题的立项以中级职称为主体,占比56.6%,初级职称占比32.9%,副高职称占比10.4%。六类课题中,中级职称立项青年专项课题的占比为21.1%,立项重点课题的占比为5.3%,立项一般课题的占比为61.0%(见表2-29及图2-23)。

4. 校本研究专项课题立项以副高职称为主

校本研究专项课题的立项以副高为主,占比73.3%;中级职称占18.3%;

正高级职称占 7.1%（见表 2-29 及图 2-23）。

5. 一般课题的立项以副高为主

一般课题中，副高职称立项者占比 62.0%，占绝对优势；中级职称占比 24.3%，数量也较为可观；初级职称占 10.0%；正高级职称最少，仅占 3.6%（见表 2-29 及图 2-23）。

表 2-29 申报者职称在课题类别维度的数量统计

职称结构	重大课题	优先关注课题	重点课题	青年专项课题	校本研究专项课题	一般课题	小计
初级	0	0	5	60	2	122	189
中级	0	30	26	103	31	297	487
副高	0	48	118	19	124	757	1 066
正高	5	39	34	0	12	44	134
小计	5	117	183	182	169	1 220	1 876

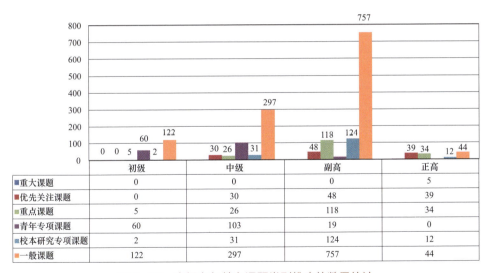

图 2-23 申报者年龄在课题类别维度的数量统计

三、本硕博立项总数呈现递减特征，硕博年度立项数基本呈递增趋势

从表 2-30 可以看出，专科学历立项者非常少，本科学历立项者最多，达

924 人；硕士学历者达 538 人；博士学历者为 411 人。从各年度立项情况看，2016—2020 年，硕士学历立项者与博士学历立项者基本呈递增趋势。硕士学历方面，各年度立项数量依次为：68 项、111 项、94 项、131 项、134 项；博士学历方面，各年度立项数量依次为：51 项、76 项、84 项、100 项、100 项。

对申报数据进行比较，博士学历申报者数量（2 913 项）已经超过硕士学位申报者（2 540 项），但博士学历立项者的数量（411 项）却低于硕士学历者的立项数量（538 项）。可能原因在于：博士学历申报者倾向于申报"教育基础理论研究"与"教育决策咨询研究"（博士申报量为 1 151 项，硕士申报量为 245 项），立项难度更大；硕士学历申报者更倾向于申报"教育教学实践研究"（硕士申报 2 295 项，博士申报 1 764 项），在一般课题的立项中申报数量较大者更具有立项优势（见图 2-24）。

表 2-30　2016—2020 年课题立项者学历构成情况

年度	专科	本科	硕士	博士	小计
2016 年	0	133	68	51	252
2017 年	1	188	111	76	376
2018 年	1	230	94	84	409
2019 年	1	186	131	100	418
2020 年	0	187	134	100	421
总计	3	924	538	411	1 876

（一）立项者学历在课题研究方向维度的特点

1. 理论与决策研究博士占比高

从表 2-31 可以看出，2016—2020 年，教育基础理论研究与教育决策咨询研究立项数量呈现相同的结构。教育基础理论研究中，博士立项数量占 67.3%，教育决策咨询研究中博士占 71.9%。这表明教育基础理论研究与教育决策咨询研究的特点与博士研究生的研究基础、研究关注点更为契合。

2. 本科学历更关注教育教学实践问题

教育教学实践研究中，立项数量从本科、硕士研究生、博士研究生依次递减，分别为：本科生 895 项、硕士生 494 项、博士生 243 项；但各自体量均大于教育基础理论研究与教育决策咨询研究（见图 2-25）。

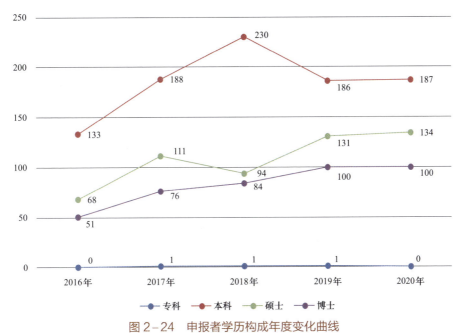

图 2-24 申报者学历构成年度变化曲线

表 2-31 2016—2020 年各类课题申报者学历构成情况

学历情况	教育基础理论研究	教育决策咨询研究	教育教学实践研究	小计
专科	0	0	3	3
本科	19	10	895	924
硕士	18	26	494	538
博士	76	92	243	411
小计	113	128	1 635	1 876

（二）立项者学历在课题类型维度的特点

1. 经费资助类课题中，博士是立项主体

有经费资助类课题中，博士、硕士是立项的主体力量。优先关注课题的立项以博士为主体，占 70.9%。与申报情况相比，博士立项占比提高了 4 个百分点。重点课题的立项者中博士占比 59.6%，硕士学历次之，占比 27.9%；青年专项课题的申报者中，博士占 47.8%，硕士占比 39.0%（见表 2-32 及图 2-26）。

图 2-25　2016—2020 年三大研究方向课题立项者学历构成情况

2. 本科学历是校本研究专项课题和一般课题的立项主体

校本研究专项课题中，立项者的学历以本科为主体，占比 71%，硕士占比 27%；与申报数据相比，硕士学历的占比提高了 7 个百分点。表明硕士学历者在校本研究课题的立项中比本科生更具竞争优势。

一般课题的立项者中，本科学历占 61%，硕士学历占 28%，博士占比 10%。

整体看，博士学历在优先关注课题、重点课题的立项中占有绝对优势；硕士学历者在各类课题中均有立项，立项数量适中；本科学历立项主要在校本研究专项与一般课题中（见表 2-32 及图 2-26）。

表 2-32　2016—2020 年各类课题立项者学历构成情况

学历情况	重大课题	优先关注课题	重点课题	青年专项课题	校本研究专项课题	一般课题	小计
专科	0	0	0	0	0	3	3
本科	1	6	23	24	120	750	924
硕士	2	28	51	71	46	340	538
博士	2	83	109	87	3	127	411
小计	5	117	183	182	169	1 220	1 876

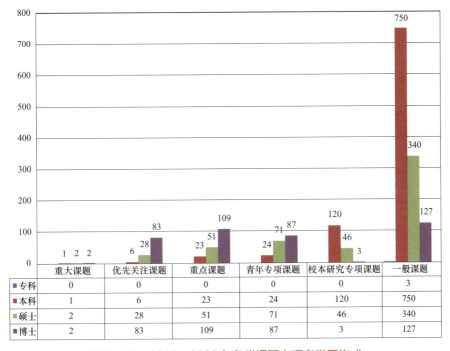

图2-26 2016—2020年各类课题立项者学历构成

第三章
北京市教育科学规划课题区域影响力测评与比较

 导 引

在第一章、第二章中,我们对北京市教育科学"十三五"规划期间的课题申报数据和立项数据进行了统计分析,对北京市辖区的 16 个区(含燕山区)的立项情况进行了还原,使我们对各区承担市级教育科学规划课题的情况有了一定的主观感受。那么,北京市所辖的 16 个区的学术影响力现状究竟如何?影响区域学术影响力的因素又有哪些呢?

本章中,我们尝试从"输入端"入手,立足北京市教育科学"十三五"规划期间 16 个区的立项数据与研究主题,对各区的学术影响力进行深度测评与比较,力图客观真实地揭示各区教育科研的实际水平,为 16 个区以及全国其他类似区域教育科研高质量发展提供参考。

第一节　教育科学规划课题区域影响力的维度

一、规划课题区域影响力的维度设计

何为课题的学术影响力?现有的研究通常从课题类别、课题年度变化、课题省域分布等维度分析学术影响力问题[1],但是并没有对课题学术影响力的概

---

[1] 林琳,杨丽,杨学博. 我国教育学研究区域学术影响力现状分析与发展愿景:基于 2001—2017 年全国教育科学规划项目的统计分析 [J]. 重庆高教研究,2018,6(06):99–109.

念进行界定。从《现代汉语词典》和美国韦氏词典的解释来看,"影响力"更多地解释为"对别人或事物所起的作用",而"学术"一词更多地是指"有系统的、较专门的学问"。结合前人研究成果和词典界定,本书认为课题学术影响力主要指地区、机构或者人员在系统专门学问方面对他人或者他地产生作用的能力。

衡量一个区域的学术影响力大小,既可通过该区域内机构获得科研项目的数量与质量来衡量,也可以通过其学术专著、论文的出版数量与质量来衡量。在以"输入-产出"标准衡量区域学术影响力时,由于"产出"端带有一定主观性且难以量化,研究者更倾向从"输入端"的课题项目着手分析。在对输入端进行分析时,研究者更多是从课题类别、地区分布等角度进行描述,但是仅限于客观数据的描述,缺少深层的信息挖掘和比较。

结合北京市教育科学规划课题的实际特点和人们对课题研究认识的差异,本书进一步提出学术影响力分析的框架:绝对影响力、相对影响力、比较影响力和主题影响力。

(1)绝对影响力体现在立项课题总量方面,说明的是绝对水平,人们习惯于通过绝对值高低来判断科研发展水平,比如我们第二章中对各区立项数量的比较分析。

(2)相对影响力体现在校均立项数和师均立项数方面,说明的是相对水平,与绝对影响力相比显得更为客观。

(3)比较影响力体现在不同类型数据比较方面,说明的是点位水平。

(4)主题影响力体现在研究主题的时代前沿关照方面,说明的是课题研究的前瞻水平。在第五章中,我们将对各个研究领域关注的研究主题进行深度聚焦,读者可以与本章中各区关注的主题进行比较阅读。

上述四种影响力既互相联系又各有所指,体现了人们对影响力问题认识的程度差异。

二、教育科学规划课题区域影响力的研究设计

(一)样本的选择

"十三五"时期是北京市深入贯彻中央"四个全面"战略布局,落实首都城市"四个中心"战略定位,推进京津冀协同发展,率先全面建成小康社会,

建设国际一流的和谐宜居之都的关键时期，也是全面深化教育领域综合改革，全面推进依法治教，全面提高服务经济社会发展能力"的重要时期。也是课题立项数据绝对完整的一个规划周期，代表了北京市教育科研发展的最新成就与水平。

为保证数据的客观性、全面性与一致性，本书对"十三五"时期16个区（含燕山区）立项的北京市教育科学规划课题进行整群抽样，同时引入了市辖区中小学数量和专任教师数量作为数据参考。

（二）区域的分类依据

在第一章、第二章中我们对16个区（含燕山区）的申报、立项数据进行了单独统计，一定程度上揭示了北京市教育科学规划课题在各区的绝对影响力水平。本章中，我们对接"北京城市功能区域划分"标准，从宏观、中观层面揭示各功能区教育科研影响力的状况，从而多视角揭示首都教育科研发展的现状。

按照"北京城市功能区域划分"的标准，16个区总体上划分为首都功能核心区、城市功能拓展区、城市发展新区和生态涵养发展区四类。

（1）首都功能核心区，主要包括东城区和西城区，集中体现北京作为全国政治、文化中心功能，集中展现古都特色，是首都功能及"四个服务"的最主要载体。

（2）城市功能拓展区，包括朝阳区、海淀区、丰台区、石景山区，涵盖中关村科技园区核心区、奥林匹克中心区、北京商务中心区等重要功能区，是体现北京现代经济与国际交往功能的重要区域。

（3）城市发展新区，包括通州区、大兴区、顺义区、昌平区、房山区，是北京发展制造业和现代农业的主要载体，也是疏散城市中心区产业与人口的重要区域，是未来北京经济中心所在。

（4）生态涵养发展区，主要包括门头沟区、平谷区、怀柔区、密云区、延庆区，是北京的生态屏障和水源保护地，是保证北京可持续发展的关键区域。

（三）研究方法与资料编码

采用内容分析法对科研课题进行混合式分析，全面、客观地绘制课题区域学术影响力图谱，揭示影响学术影响力的因素。

对立项课题所属的市辖区、课题类别等信息进行统一编码后（见表3–1），输入SPSS24.0，进行数据处理。

表3-1 市辖区立项课题编码

变量	内涵
年份	1. 2016年 2. 2017年 3. 2018年 4. 2019年 5. 2020年
功能区及市辖区	1. 首都功能核心区（1.1 东城、1.2 西城） 2. 城市功能拓展区（2.1 朝阳、2.2 海淀、2.3 丰台、2.4 石景山） 3. 城市发展新区（3.1 通州、3.2 顺义、3.3 大兴、3.4 昌平、3.5 房山） 4. 生态涵养区（4.1 门头沟、4.2 平谷、4.3 怀柔、4.4 密云、4.5 延庆）
机构类型	1. 中小学 2. 区级教育研究机构（教研中心、教科院等） 3. 其他机构（区教委、职业学校、幼儿园等）
研究领域	1. 教育宏观战略与政策研究 2. 教育基本理论与国际比较研究 3. 教育治理体系研究 4. 课程、教学、评价改革研究 5. 学生发展研究 6. 教育人才队伍建设研究 7. 教育资源配置与效益研究 8. 教育信息化研究 9. 传统文化教育与德育研究 10. 生态文明教育与可持续发展教育研究
竞争性	1. 全竞争性课题（1.1 优先关注课题；1.2 重点课题；1.3 校本研究专项课题；1.4 单位资助校本专项课题；1.5 青年专项课题）2. 准竞争性课题（1.6 一般课题）
题名	根据研究主题进行类属分析

第二节 教育科学规划课题区域影响力的现状

一、绝对影响力现状

各区绝对影响力区别较大，在全竞争性课题和准竞争性课题方面表现略有不同。

在北京市教育科学规划六类课题中，重大课题主要采取公开招标或者特别委托制，各区没有立项，在此忽略不计。优先关注课题、重点课题、校本研究专项课题、单位资助校本专项课题①、青年专项课题面向全市各级各类教育机构，属于"全竞争性课题"。一般课题是由市规划办根据学校、教师等参数下达指标至各区，各区初审后上报，市规划办再次评审，属于"准竞争性课题"（见表3-2）。

---

① 校本研究专项课题仅面向幼儿园、中小学校，其中单位资助校本专项课题与校本研究专项课题同属一类，考虑到资助经费的差异，本书分开计算。

表 3-2　北京市 16 个区域立项课题统计

功能分区	市辖区	全竞争性课题					汇总	准竞争性课题	比值	总量	百分比/%
		1.1	1.2	1.3	1.4	1.5		1.6			
首都功能核心区	东城	3	3	9	6	7	28	105	0.267	133	9.47
	西城	0	11	5	11	12	39	77	0.506	116	8.26
城市功能拓展区	朝阳	1	5	7	18	14	45	145	0.310	190	13.5
	海淀	2	23	10	9	23	67	162	0.414	229	16.3
	丰台	0	3	3	3	2	11	63	0.175	74	5.27
	石景山	1	5	4	5	5	20	107	0.187	127	9.04
城市发展新区	通州	0	2	4	4	2	12	50	0.240	62	4.41
	顺义	0	0	4	6	7	17	71	0.239	88	6.26
	大兴	1	1	6	4	8	20	63	0.317	83	5.91
	昌平	0	1	7	6	7	21	57	0.368	78	5.55
	房山	0	0	6	6	4	16	40	0.400	56	3.99
生态涵养区	门头沟	0	1	3	2	3	9	31	0.290	40	2.85
	平谷	0	0	1	2	0	3	9	0.333	12	0.85
	怀柔	0	1	2	2	0	5	26	0.192	31	2.21
	密云	0	0	4	4	1	9	21	0.429	30	2.14
	延庆	0	0	4	2	0	6	50	0.120	56	3.99
合计		8	56	79	90	95	328	1 077	0.305	1 405	100

（说明：比值为全竞争性课题/准竞争性课题；房山与燕山数据进行了合并处理）

在全竞争性课题中，在北京市的 16 个区域中，海淀区立项课题数量最多，达到 67 项；其后为朝阳区、西城区、东城区；平谷区立项最少，仅 3 项。由此可见，海淀区在全竞争课题中有较大的竞争优势，影响力大。

在准竞争性课题中，海淀区依然高居榜首，其后为朝阳区、石景山区、东城区和西城区；而平谷区仅有 9 项课题立项。

从整体上看，海淀区立项课题总量为 229 项，其后为朝阳区、东城区、石景山区和西城区，海淀区立项课题总量占全市比例达到 16.3%；而平谷仅有 12 项，占比仅为 0.9%。

在绝对影响力方面，海淀区立项课题最多，影响最大，而平谷区立项课题最少，影响最小。该结果符合人们的日常认识，一个合理的解释是海淀区地处中心城区，经济发达，且高校林立，学校基数大、教师数量多，可利用资源广；

而平谷区地处生态涵养区，GDP 总量不高，学校和教师数量少，立项课题总量不高。

二、相对影响力现状

各区相对影响力同样存在明显不同，其表现与绝对影响力基本一致。

从绝对影响力上来看，表 3-2 在一定程度上能够反映各区的科研水平。但是如果考虑了学校和教师基数之后，结果还如此吗？中小学是基础教育的重要组成部分，也是承担科研课题的主要力量。由于幼儿园、职教机构和教育研究机构客观数据不足，本书采集了 2016—2020 五个学年度各区中小学的课题立项数、中小学校数、专任教师数，在进行均值处理的基础上可以看出各区中小学相对影响力（见表 3-3）。

表 3-3　北京市 16 个区域中小学立项课题总量、校均值、师均值统计

功能区	市辖区	中小学立项总量	学校数均值	校均立项数	教师数均值	师均立项数
首都功能核心区	东城	88	102	8.63×10^{-1}	10 131.2	8.69×10^{-3}
	西城	88	101.2	8.70×10^{-1}	11 789	7.46×10^{-3}
城市功能拓展区	朝阳	139	175.6	7.92×10^{-1}	18 389.8	7.56×10^{-3}
	海淀	161	165.4	9.73×10^{-1}	19 296.4	8.34×10^{-3}
	丰台	45	123.4	3.65×10^{-1}	8 829.8	5.10×10^{-3}
	石景山	84	53.4	1.57×10^{0}	3 530.2	2.38×10^{-7}
城市发展新区	通州	46	124.2	3.70×10^{-1}	7 823.2	5.88×10^{-3}
	顺义	52	81	6.42×10^{-1}	6 887.6	7.55×10^{-3}
	大兴	57	136.8	4.17×10^{-1}	7 988.4	7.14×10^{-3}
	昌平	55	145.2	3.79×10^{-1}	8 144.4	6.75×10^{-3}
	房山	28	156	1.79×10^{-1}	6 753.8	4.15×10^{-3}
生态涵养区	门头沟	27	38.6	6.99×10^{-1}	1 907.8	1.42×10^{-2}
	平谷	5	63.8	7.84×10^{-2}	3 506.2	1.43×10^{-3}
	怀柔	23	45	5.11×10^{-1}	3 070.2	7.49×10^{-3}
	密云	23	62.2	3.70×10^{-1}	3 543.4	6.49×10^{-3}
	延庆	36	49	7.35×10^{-1}	2 700.2	1.33×10^{-2}
平均值		59.8	101.4	6.13×10^{-1}	7 768.2	8.46×10^{-3}

（一）区域内校均立项课题分析

从各区中小学立项课题校均值来看，首都功能核心区中的两区校均立项课题基本持平，均未超过 1 项；城市功能拓展区中，石景山区数据突出，校均立项课题数 1.57 项，海淀区校均课题 0.973 项，朝阳区为 0.792 项，丰台区仅为 0.365 项，差距明显；在城市发展新区中，顺义区校均立项课题较高，而房山区最低；在生态涵养区中，延庆区和门头沟区表现突出，两者数值超过城市发展新区中的校均值，平谷区数值远低于同类型区域。

石景山区校均立项课题全市最高，远远超过海淀区校均值，而平谷区校均立项课题依然处于较低位次。一个可能的解释是石景山区在教育科研重视程度和投入程度方面远远超过海淀区等其他区域。而平谷区立项课题数少、学校少，但是校均值依然最低，这就需要考虑到区域教育科研的投入以及整体的教师专业发展问题。

（二）区域内师均立项课题分析

从中小学立项课题师均值分析看，首都功能核心区中的东城区、西城区师均立项课题值为 8.69×10^{-3}、7.46×10^{-3}，相差不大；在城市功能拓展区中，石景山区师均立项值为 2.38×10^{-2}，全市最高，海淀区、朝阳区、丰台区师均立项值为 8.34×10^{-3}、7.56×10^{-3}、5.10×10^{-3}；在城市发展新区中，顺义区最高，房山区偏低；在生态涵养区中，门头沟区和延庆区师均立项值突出，不仅在生态涵养区表现优异，在 16 个市辖区中数值仅次于石景山区。

由表 3-3 可见，首都功能核心区学术影响力表现相对稳定；城市功能拓展区发展态势良好，不仅整体数量较多，而且在校均和师均立项上表现突出，尤其是石景山区，凸显出教育科研经费投入和教育科研组织对科研课题申请的助推作用，而丰台区在城市功能拓展区表现欠佳，值得反思；城市发展新区各项数值较为平稳；在生态涵养区中，门头沟区和延庆区 GDP 水平居于全市最低，但是校均、师均数值在 16 个市辖区中均名列前茅，背后经验值得梳理、总结和推广。这种认识无法解释同等经济条件下为何有的区域表现优异，而有的区域表现欠佳。由各区的相对影响力分析来看，区经济发展水平高其学术影响力并不一定强，区经济发展水平低其学术影响力并不一定弱，需要考虑区域教育主体的专业发展水平和主观能动性等因素。

三、比较影响力现状

各区在比较影响力方面不同比较点有不同表现,区域间在多数观测点上的差异并未达到显著。

区域教育科研发展水平的高低更多地体现在区域之间不同数据之间的比较上。这种比较不仅仅是发现区域之间存在的客观差异,更多是要揭示这种差异是否达到显著以及产生这种差异的原因。

(一)区域间立项课题的比较分析

立项竞争性课题的分类以及课题立项数量的多少反映了各区科研水平的高低。由表3-2来看,在全竞争性课题中,立项超过均值20.5项的区为东城区、西城区、朝阳区、海淀区、昌平区;在准竞争性课题中,立项超过均值67.3项的区为东城区、西城区、朝阳区、海淀区、石景山区、顺义区,与全竞争性课题数据基本一致,差别在于昌平区在全竞争课题中有优势,石景山区和顺义区在准竞争性课题中有优势。从全竞争性课题与准竞争性课题的比值来看,超过市辖区平均比值0.305的区为西城区、朝阳区、海淀区、大兴区、昌平区、房山区、平谷区、密云区,可以判断上述各区在全竞争性课题立项中相对准竞争性课题比较有优势。

(二)区域内教育研究机构与中小学立项课题的比较分析

区域教育研究机构主要指由市辖区教育行政部门主管的教育研究类机构(如教科院、研修学院、教师进修学校等),承担区域教育发展的业务管理、专题培训、专业指导等多项职能,其机构设置一般采取教研、科研分设或合设两种形式。作为区域教育发展的"智库",教育研究机构对区域教育发展尤其是中小学校的发展能够产生重要的显性或隐性影响。人们习惯于认为区教育研究机构的学术影响力要高于中小学,实际数据果真如此吗?为此,本书引入了区域教育研究机构立项课题与中小学进行对比分析,结果如表3-4所示。

在比较影响力方面,区级教育研究机构与中小学立项课题数的平均比值为0.232。超过该比值的区域为东城区、海淀区、丰台区、石景山区、顺义区、房山区、门头沟区、平谷区和延庆区。相对而言,超过平均比值,意味着该区教育研究机构较为重视科研课题;而低于平均值可能意味着该区对科研发展不够重视,也可能说明其关注点不在科研课题上,而在管理、培训等方面。

推动教育科研高质量发展的北京实践

表3-4 北京市16个区教育研究机构与中小学立项课题总量、占比与比值统计

功能分区	市辖区	教育研究机构立项课题总量	占比 A/%	中小学立项课题总量	占比 B/%	比值	各市辖区立项总量
首都功能核心区	东城	25	18.80	88	66.17	0.284	133
	西城	10	8.62	88	75.86	0.114	116
城市功能拓展区	朝阳	29	15.26	139	73.16	0.209	190
	海淀	40	17.47	161	70.31	0.248	229
	丰台	19	25.68	45	60.81	0.422	74
	石景山	21	16.54	84	66.14	0.250	127
城市发展新区	通州	7	11.29	46	74.19	0.152	62
	顺义	18	20.45	52	59.09	0.346	88
	大兴	6	7.23	57	68.67	0.105	83
	昌平	4	5.13	55	70.51	0.073	78
	房山	17	30.36	28	50.00	0.607	56
生态涵养区	门头沟	8	20.00	27	67.50	0.296	40
	平谷	3	25.00	5	41.67	0.600	12
	怀柔	3	9.68	23	74.19	0.130	31
	密云	3	10.00	23	76.67	0.130	30
	延庆	9	16.07	36	64.29	0.250	56
合计		222	15.80	957	68.11	0.232	1 405

（说明：占比 A 为教育研究机构立项总量/市辖区立项课题总量；占比 B 为中小学立项课题总量/市辖区立项课题总量；比值为研究机构立项数/中小学立项数）

科研机构与教研机构合设或分设是否会影响课题立项呢？从表 3-4 和单体机构的立项数据来看，北京市有三个区实行科研与教研分设的机构布局，有的区两者数据持平，有的区数据存在一定差距。从合设机构立项课题数据来看，有的区达到 21 项，有的区仅为 3 项，差距较大。可见，区域教育研究机构分设与合设主要受到区域战略布局的影响，对课题立项影响不大。课题能否立项与本单位是否重视科研、是否有足够的经费投入、是否有高水平的教师队伍等因素有较大关系。

（三）市辖区域、城市功能分区与立项课题间的相关分析

基于城市功能定位的不同，北京市被划分为首都功能核心区、城市功能拓展区、城市发展新区和生态涵养区四类功能分区。就北京市教育科学"十三五"规划课题立项情况分布来看，首都功能核心区共立项 249 项，占比 17.7%；城

市功能拓展区立项 603 项，占比 42.9%；城市发展新区 384，占比 27.3%；生态涵养区立项 169 项，占比 12.0%。由前文数据可以发现各区的学术影响力有差异，但是课题类别、研究领域、立项机构类型等是否与区域位置、城市功能分区有着显著性相关呢？由于功能区、市辖区、课题类别、全/准竞争、研究领域、机构类型均不具有正态分布特质，本书选用斯皮尔曼相关分析，结果如表 3-5 所示。

表 3-5　北京市 16 个市辖区、4 类城市功能区与相关变量之间的相关系数分析

	课题类别	全/准竞争	研究领域	机构类型
16 个市辖区	0.048	0.045	-0.019	0.059*
4 类功能区	0.052	0.048	-0.028	0.046

（说明：*$p<0.05$，**$p<0.01$）

由表 3-5 可见：课题类别、全/准竞争、研究领域与 16 个市辖区和 4 类功能区之间均没有显著相关关系，只有课题立项的机构类型与市辖区之间存在显著的正相关关系，相关系数值为 0.059，说明不同类型机构立项课题情况与所处市辖区所处关系密切，越靠近偏远地区，中小学立项课题占比越小，而其他机构立项课题占比较多。可能东城区、西城区等编码较小的区中小学立项课题相对较多，密云区、延庆区等编码较大的区其他机构立项课题相对而言比较多。

由于教育科学规划课题采取年度立项制，本书从城市功能区的角度进一步提出，每年的立项课题情况与城市功能分区之间是否存在相关关系呢？研究结果如表 3-6 所示。

表 3-6　北京市 4 类功能区与相关变量之间的相关系数分析

	功能区年度立项课题总量	中小学年度立项课题总量	中小学年度校均立项课题数	中小学年度师均立项课题数	区级教育研究机构年度立项课题数
4 类功能区	-0.377	-0.334	-0.760**	-0.054	-0.245

（说明：*$p<0.05$，**$p<0.01$）

由表 3-6 可见：功能区年度立项课题总量、中小学年度立项课题总量、中小学年度师均立项课题数、区级教育研究机构年度立项课题数和功能区之间均没有显著相关关系。中小学年度校均立项课题数和所属功能区之间有着显著的负相关关系，相关系数值为 -0.760。这说明越靠近城市功能分区，中小学年

度校均立项课题数越多;越靠近生态涵养区,中小学年度校均立项课题数越少。而中小学年度师均立项课题数与功能区之间没有显著相关关系,可能的原因是首都功能核心区学校教师数量较多,而生态涵养区学校教师数量偏少,城市功能分区对中小学的学术影响力有一定的预测效应。

四、主题影响力现状

在主题影响力方面,首都功能核心区与城市功能拓展区更关注改革前沿热点,城市发展新区与生态涵养区更关注传统教育教学问题。

各区中小学、区级教育研究机构立项课题的主题,不仅是各区不同类型主体教育发展话语的表达,更是各区教育科研主题影响力的彰显。对16个市辖区中小学和教育研究机构关注主题进行提取,其结果如表3-7所示。

表3-7 北京市16个市辖区中小学和教育研究机构关注主题分析

功能区	市辖区	中小学关注主题分析	教育研究机构关注主题分析
首都功能核心区	东城	学校课程改进;大单元教学;学区教育资源、德育资源等	教师课程领导力;教师科研素养;区域教育资源;课程共享等
	西城	主题实践课程;探究式教学、深度学习、教学模型、学习方式;馆校合作;教师核心素养;人工智能;劳动教育、体艺等	概念理解;区域学习资源;家校社共育等
城市功能拓展区	朝阳	数学思维、学科关键能力、学习方式、单元教学;校际融合等	STEAM课程;教学目标、阅读教学、食育、可持续发展;校长专业化等
	海淀	青少年思想与思维;研学课程;教学设计、教学工具开发、任务群、大概念、全学科阅读;家校社;传统文化教育、五育融合;绿色学校;高效减负;家校社共育、教育援助等	课程评价、研学课程;整本书阅读、混合式研修与教学;增值性评价;教师科研素养;特教;学区治理等
	丰台	学生自主发展、体质健康、项目式学习、可视化教学;集群教育治理等	英语教学评价;教师培训课程、培训模式;校本督导;法治教育等
	石景山	开放性实践课程;学业情绪;政治认同教育、劳动教育等	课程支持系统;化学核心价值观、心理辅导;生态文明、劳育等
城市发展新区	通州	人格素养、自主学习;跨学科主题课程;概念教学;卓越教师培养;地方文化等	大运河文化研学旅行课程;数学运算等
	顺义	科技实践;微课教学、教学资源、体验式教学、融错教学;体育;生涯规划;集团治理等	学习活动设计、单元教学;教师学习;人工智能等
	大兴	核心素养、课程一体化;概念教学;劳动教育等	综合社会实践活动、英语阅读教学等
	昌平	核心素养、批判性思维;综合实践活动;学习效率;教师身份认同;综合素质评价、表现性评价;教职工等	全学科阅读、国家认同;科研骨干等

续表

功能区	市辖区	中小学关注主题分析	教育研究机构关注主题分析
城市发展新区	房山	京剧、老北京体育;学习力、问题解决、项目式学习、问题引领学习;教师队伍等	乡土课程;议题式教学、课堂评价;学生发展性评价等
生态涵养区	门头沟	地理实践课程、核心素养、物理实验教学、教学效能;学困生;教师活力等	本土资源开发;语文教材;单元教学等
	平谷	德育课程;问题式教学等	科学概念、英语听说、法治素养等
	怀柔	阅读、英语写作、现实教学;教师专业发展等	学科综合实践活动等
	密云	课程改革与育人模式、舞蹈;语文素养、阅读力;劳动教育等	深度学习、单元教学等
	延庆	滑冰;网络学习;学校特色发展等	英语综合实践活动;专题教学等

由表 3-7 可见,各区中小学关注的主题各具特色。例如,东城区从首都城市功能定位角度关注到学校课程的改进问题,从集团化办学角度关注到学区资源统筹与德育资源等问题。西城区关注到五育、馆校合作等问题;朝阳区关注到校际融合以及教学变革与改进等问题。海淀区立项重点课题的数量最多,关注到青少年思想与思维发展、教学热点、研学课程、教育援助等问题。丰台区、石景山区对项目式学习、开放性实践课程和集群教育治理的关注回应了北京市教育改革的政策要求。通州区等五区除关注教学问题外,较多关注地方文化、学校特色建设、教师队伍建设等主题。门头沟区等五区主要关注到核心素养、学科教学与特色发展等问题。从总体上看,首都功能核心区和城市功能拓展区涉猎主题广泛,能够关注到教育改革的热点与前沿问题,而城市发展新区和生态涵养区的研究选题仍相对集中在传统教育教学等方面。

从教育研究机构的主题影响力表现来看,东城区和西城区都关注区域资源开发与利用问题,反映了政策要求。朝阳区关注校长专业化问题与北京市推动的校长职级评审有一定关联。海淀区关注到课程评价、研学课程、增值性评价等热点问题,此外研修模式突出了区域工作特色,特教问题研究凸显了全纳教育理念。丰台区同样关注了教师培训课程与研修模式,石景山区关注课程支持系统的开发。通州区受大运河申遗影响,关注大运河研学旅行课程的开发。昌平区同东城区、海淀区一样关注到科研骨干的培养问题,房山区关注的议题式教学具有一定的新颖性；生态涵养区对传统教学问题关注较多，同时回应了深度学习、单元教学等热点，门头沟区对语文教材的重视、平谷区对法治素养的关注也能够凸显区域关注点的不同。

各区中小学和教育研究机构在主题关注方面具有极大的不同，反映了各区把握教育改革、时代前沿的敏感程度的差异，只有更好地立足于前沿问题，才能够更好地发挥课题的引领辐射作用，展现各区独有的科研话语特色。

第三节　提升规划课题区域影响力的举措

一、科学研判规划课题区域影响力之间的差异

（一）区域之间存在的学术影响力差异

从研究结果看，北京市 16 个市辖区中，人们习惯性地认为地处首都功能核心区和首都功能拓展区的学术影响力，就一定高于城市发展新区和生态涵养区，这种认识主要体现在绝对影响力方面。通过实证研究，本书驳斥了该种偏见。研究区域之间的差异需要聚焦不同的观测点，观测点不同，差异也具有不同的外在表现，例如，有些区立项课题数在师均值、校均值等方面的表现与总量上存在较大不同。课题立项机构类型与所处区域位置、中小学年度校均立项课题数与所处功能区之间存在着显著性相关。从整体上看，北京市各区学术影响力在不同比较点上的表现差异较大，在某些观测点存在显著差异。对于各个区域自身的分析或者区域之间的比较分析，可以选择多个观测点，收集更为全面、客观的数据，同时需要挖掘数据背后的潜在信息来探讨区域间的科研发展水平差异问题。

（二）影响区域学术影响力水平高低的因素

到底是哪些因素影响了规划课题的区域影响力？从北京市各区学术影响力的现状来看，这与各区特定的政治、经济、历史文化以及具体的机构组织有着密切的关系。各区教育发展的历史基础、经费投入力度、教育行政领导的重视程度、研究机构的体制与机制等因素影响巨大。例如海淀区高校林立，更容

易获取高校专家的支持；朝阳区教育发展体量巨大，教育投入大，课题立项数量众多。东城区与西城区的区级教育研究机构处于优化调整之中，而区内传统名校众多，整体实力不弱。该项结果与我国教育学科研究的区域学术影响力研究的结果基本一致。但是需要注意的是经济发展水平高其学术影响力并不一定高。例如，石景山区在 16 个市辖区中表现不俗，这与区教委对科研课题的专项经费支持和区教育科研机构的有效组织有关。地处生态涵养区的延庆区、门头沟区对教育科研的重视和投入值得同类区域学习和借鉴。

（三）中小学与教育研究机构学术影响力的关系

研究重点关注了区域内部中小学与教育研究机构自身以及两者之间学术影响力的比较问题。从数据上看，中小学能够承担课题的数量较少，但是如果考虑到各区教育科学规划、教育学会课题等其他类型课题的补偿效应，中小学参与课题的数量并不低。单就中小学承担的课题数来看，各区之间有着极大的差异，背后原因既与学校自身水平基础有关，又与区域教育研究机构的指导有关。

从教育研究机构学术影响力分析来看，区域间同样存在一定的不均衡，这与各区教育研究机构的组织运行、人员构成以及关注重点有着极大的相关。从教育研究机构立项数与中小学立项数之间的比值来看，同样可以看出两者的协同发展对各区教育科研可持续发展的重要性。深层次的分析，需要借助质性研究来分析中小学和区域教育研究机构的科研观、科研行动、组织体系、制度建设等因素，在综合研究基础上，有利于全面把握区域学术影响力的现状并提出改进措施。

二、提高规划课题区域影响力的对策建议

（一）加强顶层设计，完善市一区一校教育科研治理体系

区域学术影响力的高低，不仅与各区教育发展的宏观环境有关，更与市级教育科研部门的宏观引领和区级教育科研组织的构成与运行效率有着极大的关系。在高质量发展阶段，市、区、校三级教育科研部门出现了分化和整合的组织重建趋势，例如部门的拆分与调整、机构间的重组等。这就要求教育科研主体在面向 2035 年远景发展规划的过程中，能够主动适应教育整体发展大趋势，立足区域中观环境和学校发展需求，优化完善教育科研组织。在难以改变区域教育发展宏观环境的前提下，需要以专业性的科研组织为主体，整合教育

行政部门、中小学、外部支持机构力量，构建起市—区—校多层级主体共商、共建、共治的联合体，形成更加科学、民主、务实、高效，符合现代教育科学发展理念和规律的区域教育科研治理体系。在教育现代化的进程中，优先推进教育科研治理体系和治理能力现代化建设，有利于破解市、区、校"教育高质量教育发展"和"双减"等方面难题。

（二）搭建合作平台，营造教育科研多层级互动发展的生态环境

面对当前北京市各区教育科研发展的现状、取得的经验和存在的问题，需要北京市和各区教育科研主体单位（区教委、区教科院等）和部门（科研部、课程部等），走出部门化推进、条块化管理的误区，创新课题推进的方式、方法和模式，通过搭建多种形式的合作平台，整体提升各区的学术影响力水平。在纵向上积极探索"市—区—校"互动机制，促进教育科研信息的有效传播与共享；在横向上建立"区与区""校与校"等多种形式的互动机制。例如，通过科研人员轮岗交流、课题共研、成果共享等，发挥彼此影响，促进共同发展。通过多方面努力，在全市和各区范围内营造教育科研蓬勃发展的良好生态环境，缩小区域教育科研差距，为教育的优质均衡、可持续发展提供专业助力。

（三）注重赋权增能，多路径提高科研课题研究质量

课题研究作为一个螺旋上升不断推进的实践性活动，可以分为课题申报—立项—开题—中期—结题—成果应用—产生新认识、提出新问题等多个环节。提高课题研究质量，需要提高每个环节的质量。这就需要课题管理单位和执行单位优化制度供给，通过制度创新对教师赋权增能。具体来说，一方面，要建立切实可行的激励制度保障教师从事教育科研的权力，采取卓有成效的措施来提升教师的科研素养，如科研师徒结对，科研方法系统化培训，跨学科、跨学校、跨区域、跨界的课题共研，科研成果拓展性应用等。另一方面，要整合区域教育资源为教育科研发展提供外部支持，如在课题研究过程中，整合高校资源（如北京师范大学等高校）、研究机构资源（中国教科院等）、社会第三方机构资源等，共同推动重点、难点、热点问题的解决。

研究效益篇

第四章
"十三五"时期规划课题研究主题与基本进展

 导 引

　　对"十三五"时期北京市教育科学规划申报课题与立项课题的选题进行聚类分析，聚焦申报与立项的主要研究主题，能客观反映研究者对首都教育发展与改革热点、重点、难点问题的感知力和把握力。对主要研究主题的研究进展进行分析，有利于全面把握当前课题研究的基本脉络、研究动态以及取得的主要成果，奠定教育科研高质量发展的基础。

　　本章主要按照"十三五"时期北京市教育科学规划课题设置的十个研究领域，对课题的申报与立项课题的主题情况分别进行统计，采用Citespace等相关软件，对各领域课题的申报题目与立项题目进行聚类分析，探索实际立项课题中对于该领域重点关注的研究主题和前沿方向。

第一节 "十三五"时期申报与立项课题的研究主题聚焦

一、教育宏观战略与政策研究主题聚焦

　　"十三五"期间，教育宏观战略与政策研究的课题申请数量为 278 项，占全部课题申请数量（9 034 项）的 3.1%。分析该领域近五年课题申请者的研究选题，有助于了解该领域研究者的关注话题，并且与实际立项课题的热点主题

进行比较分析，整体判断"十三五"期间该领域研究主题的聚焦与进展。通过对申报课题选题的聚类分析，形成研究聚类图①，如图4-1所示。

图4-1 教育宏观战略与政策研究申请课题聚类图

通过对聚类图的分析可知，课题申请者比较好地聚焦了北京市的宏观政策研究需求，体现了很好的服务地方性；同时，对于高等学校、职业教育的关注度也比较高，聚焦内涵发展与人才培养；此外对于京津冀、区域协调、体制机制、转型发展等问题的关注也比较多。北京市"十三五"期间教育科学研究规划纲要对教育宏观战略与政策研究领域与方向的定位，是集中关注首都教育改革与发展全局性、战略性、前瞻性问题，京津冀教育协同发展战略，以及结合国家及北京现实与长远发展需求，提高教育服务经济社会发展的能力等方面。

总体来看，课题申报书的研究选题基本上符合《北京市"十三五"时期教育科学研究规划纲要》的研究定位，从不同维度、不同学段、不同方法等方面切入研究。进一步对"十三五"期间教育宏观战略与政策研究的实际立项课题进行聚类分析，53项立项课题的聚类图如图4-2所示。

对比申请课题和立项课题的选题聚类图可知，立项选题的关注点更加明确、聚焦，直接面向最新的政策热点问题，比如申请课题中的高等学校、职业教育等主题，在立项课题中则是聚焦到双一流高校、城教融合等问题研究，契合了当前政策改革的热点、难点问题。由此也表明了，课题立项评审过程中，对于申请课题研究方向进行了有效的引领，确保研究课题紧扣北京市教育改革的热点、难点问题，引导研究者更加关注首都教育改革与发展中的前瞻性、战略性政策问题。

---

① 聚类图中的节点大小代表了研究的关注程度，节点越大其关注度越高。

第四章 "十三五"时期规划课题研究主题与基本进展

图4-2 教育宏观战略与政策研究立项课题聚类图

通过对实际立项课题的分析可知,北京市教育科学规划课题教育宏观战略与政策研究领域的研究重点集中在多个方向,比较大的节点首先是"双一流",表明了学者们对我国高等教育"双一流"建设的关注度比较高,比如北京理工大学王战军主持的"市属高校'双一流'建设问题及对策研究"、北京市师范大学李健主持的"'双一流'"背景下首都高校国际化发展战略及评价指标体系研究"等。上述研究呼应了国家对于双一流建设的政策定位,即2017年教育部、财政部、国家发展和改革委员会印发《统筹推进世界一流大学和一流学科建设实施办法(暂行)》,从首都高等教育发展的角度进行了相关研究。

其次是对首都职业教育领域的"城教融合"问题关注较多,比如北京联合大学韩宪洲主持的"'城教融合'的内涵、形式及体制机制研究"、北京教育科学研究院刘继青主持的"'城教融合的内涵、形式及体制机制研究"等。

再次是对国际一流的首都教育指标体系研究,比如北京师范大学蔡宏波和北京教育科学研究院雷虹分别主持的"国际一流的首都教育指标体系研究"。此外,从聚类分析的结果看,比较大的突出节点还有"京津冀协同发展战略下首都教育地位""随迁子女在京入学政策探析""管办评分离制度体系""中小学名校集团化办学""北京高职贯通培养""乡村教育整体改革"等研究。上述研究与北京市教育科学"十三五"规划纲要的内容定位基本一致,与中央和北京市教育改革的政策热点高度衔接,当然这也与教育宏观战略与政策研究的内容性质有关，而且立项课题中有多数属于重大课题和优先关注课题，所以研究的目标性比较集中。

二、教育基本理论与国际比较研究主题聚焦

"十三五"期间，教育基本理论与国际比较研究的课题申请数量为194项，占全部课题申请数量（9 034项）的2.1%。分析该领域近五年课题申请者的研究选题，了解该领域研究者的关注话题，形成研究聚类图如图4-3所示。

图4-3 教育基本理论与国际比较研究申请选题聚类图

通过对聚类图的分析可知，课题申请者更多关注了国际比较的相关主题研究，包括一带一路、中美比较、世界教育经验、中国模式等方面的选题，但是对于教育基本理论问题的关注相对偏少，主要是对课程、教学、学习、能力及人才培养等方面的理论探讨。北京市"十三五"期间教育科学研究规划纲要中对于教育基本理论与国际比较研究领域与方向的定位，是针对国家和北京市教育发展的重大实践问题，开展教育基本理论研究，重视对教育基本史料的文献研究，围绕首都教育发展中的重点、热点、难点问题开展国际教育比较研究等。

对比来看，课题申报者的研究选题范围比较广泛，对国际比较领域的研究选题关注较多，但是对于国家和北京市重大发展实践问题以及教育基本理论的关注仍有待加强。进一步对"十三五"期间教育基本理论与国际比较研究的实际立项课题进行聚类分析，29项立项课题的聚类分析图如图4-4所示。

图 4-4　教育基本理论与国际比较研究立项课题聚类图

对比申请课题和立项课题的选题聚类图可知，立项选题的关注点更加侧重于国际比较教育的研究，比较集中关注了各个教育热点问题的国家比较，也有部分涉及教育基本理论的研究选题。从总体上看，课题申报的选题与立项课题的选题比较一致，反映出该领域研究主题的相对稳定性，以及课题立项评审过程中对于研究方向的把握和引领。

通过对立项课题的聚类分析可知，北京市教育科学规划课题教育基本理论与国际比较研究领域的研究重点集中国际比较领域，而对于基本理论问题的关注度不足。其中，比较大的节点是"国际比较研究"，各类研究围绕着教育发展的热点、难点问题开展了多个维度的比较研究。第一类是关于教师发展的国际比较研究，包括教师效能、教师专业标准、国际理解教学等方面，比如首都师范大学张秀峰主持的"教师专业标准视阈下教育硕士课程体系设置的国际比较研究"、北京国际职业教育学校芦爱军主持的"中、新、日、韩四国幼儿园教师专业标准的比较研究"等。

第二类是关于学生评价的国际比较研究，包括 PISA（国际学生评估项目）、TIMSS（国际数学与科学学习趋势项目）、TALIS（教师教学国际调查）、关键能力、批判性思维等方面，比如首都师范大学王晶莹主持的"教师效能的国际比较研究：基于 TALIS，PISA 和 TIMSS 的经验"，北京市海淀区教育科学研究院吴颖惠主持的"中小学生国际理解能力培养模式研究"等。第三类是关于发展战略的国际比较研究，包括学校发展、国际合作、学区化管理等方面，比

推动教育科研高质量发展的北京实践

如中国教育科学研究院郭元婕主持的"学区化管理方法的国际比较研究",北京教育学院王晓玲主持的"北京基础教育国际学校发展研究"等课题。

此外,关于教育基础理论的研究虽然较少,但是也关注到了小学生科学概念形成、研学旅行教育基础理论、脑科学与游戏教学等主题,比如北京师范大学班建武主持的"研学旅行教育基础理论问题研究"、北京教育科学研究院李一凡主持的"基于脑科学的幼儿园区域游戏实践指导研究"等。总结来看,该类研究主题的选题设计相对比较集中,从学生发展、教师专业、学校发展、人才培养、考试评价等多个方面开展了国际比较研究,对于促进教育事业的现代化、国际化发展有重要的作用。只是对于教育基础理论的研究仍然有待关注,研究的深度和广度均需要进一步提高。

三、教育治理体系研究主题聚焦

"十三五"期间,教育治理体系研究的课题申请数量为 270 项,占全部课题申请数量(9 034 项)的 3.0%。分析该领域近五年课题申请者的研究选题,了解该领域研究者的关注话题,形成研究聚类图如图 4-5 所示。

图 4-5 教育治理体系研究申报课题聚类图

通过对聚类图的分析可知,课题申请者的关注焦点比较集中,紧紧围绕教育治理主题展开,包括教育管理的模式、体制机制、内部治理、依法治教以及质量管理、长效机制等。北京市"十三五"期间教育科学研究规划纲要中对于教育治理体系研究领域与方向的定位,是加强教育治理体系和治理能力现代化的理论和实践研究,开展学校组织变革及学校内部治理的优化研究,完善教育

第四章 "十三五"时期规划课题研究主题与基本进展

决策的智力支持系统,加强对中国特色新型教育智库建设的研究等。

对比来看,课题申报者的选题相对比较聚焦,但是申报的主题相对偏宏观,对于具体微观问题的治理主题研究有待加强。进一步对"十三五"期间教育治理体系研究的实际立项课题进行聚类分析,47项立项课题的聚类图如图4-6所示。

图4-6 教育治理体系研究立项课题聚类图

对教育治理体系研究的热点关注,始于2014年全国教育工作会议中提出"深化教育领域综合改革,加快推进教育治理体系和治理能力现代化"定位,北京市教育科学规划课题中对其进行有效的回应。通过分析可知,北京市教育科学规划课题教育治理体系研究领域的研究重点集中在多个方面,第一类是关于学校内部治理的问题研究,包括学校治理架构、治理机制、管理标准化、家校合作机制、党组织建设等方面,比如北京师范大学赵德成主持的"中小学学校治理现代化:问题、原因分析与改进研究",北京市第七中学王文利主持的"学校治理现代化机制建设的实践研究"等。同时,关于高等学校内部的治理结构也是关注的重点,比如国家教育行政学院赵玄主持的"世界一流大学内部治理的国际比较研究",中国社会科学院大学伏创宇主持的"我国高校学术抄袭的治理机制研究"等。第二类是关于学区化、集团化办学的教育治理问题,比如北京师范大学鲍传友主持的"基于管办评分离的学区治理结构和机制研究",首都师范大学杨志成主持的"中小学集团化办学有效治理的理论、政策和策略研究",以及北京市海淀区教育科学研究院马毅飞主持的"基础教育学区治理的实践路径与优化策略研究"等。第三类是关于宏观教育管理层面的治理问题研究,包括分类管理机制、公共服务供给、依法治教、管办评分离、综合改革等方面,比如北京教育科学研究院郭秀晶主持的"新时期依法治教的问题与对策研究",北京理工大学李明磊主持的"市属高校分类发展与办学定位研究"等。

此外,关于学校安全防控、校园欺凌、产教融合、督导评价等方面也是学者们关注的重点。从总体上看,该领域研究的选题比较聚焦,多数是围绕教育治理的相关主题展开,涵盖了从幼儿园到高等教育、社区教育各级各类教育,也关注到教育治理的结构、机制、评价等多个方面,具有很好的代表性和覆盖面。

四、课程、教学、评价改革研究主题聚焦

"十三五"期间,课程、教学、评价改革研究的课题申请数量为 4 774 项,占全部课题申请数量(9 034 项)的 52.8%,占了全部课题申报的一半以上,表现出对该领域研究的极大热情和实践需求。分析该领域近五年课题申请者的研究选题,了解该领域研究者的关注话题,形成研究聚类图如图 4-7 所示。

图 4-7 课程、教学、评价改革研究申报课题聚类图

通过对聚类图的分析可知,该领域课题的申请量较大,涉及课程教学改革领域的方方面面,既有理论研究也有实践研究,既有专家学者参与,也有一线教师参与,研究方法、研究对象也丰富多样。在大的研究主题方面是围绕着课

程教学展开，对评价的关注度不足，同时在研究的风格上偏实践研究，主要是由于大多数一线中小学教师的申报数量较大，所以更加侧重于校本的实践探索。北京市"十三五"期间教育科学研究规划纲要中对于课程、教学、评价改革研究领域与方向的定位，主要是围绕课程教学及评价三个维度展开，包括加强各级各类教育课程及教材改革研究，开展跨学科、跨学校、跨地区的创新教学和科研活动，围绕学生发展核心素养体系和学业质量标准开展综合素质评价体系研究等方面。"十三五"期间，该领域课题立项数量为 1 089 项，分析聚类图如图 4-8 所示。

图 4-8　课程、教学、评价改革研究立项课题聚类图

对比来看，课题申报者的选题相对比较全面，但是申报的主题相对偏校本实践研究，对于该领域中观、宏观的理论和政策等问题关注不足，对于评价方向的探索力度也有待提高。通过课题立项选题的聚类分析可知，研究主题回归了课程教学研究的主线，对于一线实践层面的课题研究进行了有力的引导和支持，同时对于学生评价、核心素养等问题的关注也得到加强，体现对课题立项评审过程中对于研究方向的把握和引领。

通过对立项课题的选题聚类分析可知，北京市教育科学规划课题课程、教学、评价改革研究领域的研究重点集中在课程领域，其次是教学领域，而对于评价领域的关注度则相对偏少。首先聚类图中最大的节点就是课程，尤其是中小学的教育研究者都普遍关注课程领域的相关问题研究，关于课程研究的主题主要集中在各类型学校的校本课程体系建设、综合性实践课程、艺术类课程、

推动教育科研高质量发展的北京实践

各类课程开发、课程评价及课程实施、思政课程等多个方面,比如国家开发大学褚宏启主持的"学生核心素养培育与基础教育课程教学改革研究",北京市陈经纶中学徐首美主持的"博物馆课程体系构建的研究与实践",北京教育学院胡春梅主持的"'书册阅读'课程化实践研究"等。

在聚类图中第二大的节点是关于教学,仍然是以中小学校的课题为主,涉及的课题数量也比较多,主要涉及各学科教学改革、跨学科教学实践、核心素养、教学设计、教学工具开发、游戏化教学、MOOC 教学、教材借读、教学诊断、项目化教学、概念教学等多个方面,比如北京市教育督导与教育质量评价研究中心何光峰主持的"基于录像课分析的教学问题诊断研究",北京第二实验小学李雪峰主持的"开发自学课程促进小学生深度学习的研究",北京市第四中学高杰主持的"高中化学创造性探究教学的实践研究"等。

在聚类图中第三大的节点是关于评价,涉及各级各类教育的学校评价、教师评价和学生评价等多个方面,尤其是以学生学业评价为主要内容,主要包括学生核心素养评价、增值评价、教学评价、教师评价、学校效能评价、评价策略、综合评价等多方面内容。比如北京市海淀区教育科学研究院文军庆主持的"区域中小学教育质量综合评价指标体系构建与实施研究",北京石油学院附属小学贾素艳主持的"小学生空间观念发展的表现性评价与培养的研究",以及顺义区裕龙小学田旭霞主持的"依托综合素质评价、培养小学生自信心的实践研究"等。此外,关于课程教学评价领域的研究主题,还包括学校育人模式变革、人才贯通培养、优质学校建设、核心素养、五育并举等多个方面的相关研究,比如中国地质大学附属中学崔玉婷主持的"新高考改革背景下普通高中育人模式转型研究",北京教育科学研究院张熙主持的"深化教育综合改革背景下学校优质发展实验研究"等。

五、学生发展研究主题聚焦

"十三五"期间,学生发展研究的课题申请数量为 1 191 项,占全部课题申请数量(9 034 项)的 13.2%,是研究热点比较高的一个研究领域。分析该领域近五年课题申请者的研究选题,了解该领域研究者的关注话题,形成研究聚类图如图 4-9 所示。

第四章 "十三五"时期规划课题研究主题与基本进展

图4-9 学生发展研究申报课题聚类图

通过对聚类图的分析可知,课题申请者围绕学生发展的多个主题进行申报,选题的最大聚类是能力,对学生能力的培养、学生学习、核心素养、课程模式、思维、情绪及教学指导等内容关注较多。北京市"十三五"期间教育科学研究规划纲要中对于学生发展研究领域与方向的定位,主要是坚持立德树人,加强各级各类学生综合素质提升的研究,服务于提高教育发展质量,重视人才培养体系研究,加强对学生主体学习方法、形式和途径的研究,引导素质教育落实等。进一步对"十三五"期间学生发展研究的实际立项课题进行聚类分析,241项立项课题的聚类图如图4-10所示。

图4-10 学生发展研究立项课题聚类图

对比来看，课题申报者的选题相对比较全面，但是申报的主题相对侧重于学生能力的关注，立项课题则更加关注学生素养，即更加关注各类教育教学改革文件中对学生素养的培养。同时在研究方法上，更加突出了基于干预行为的实证研究，增强了立项课题的科学性、严谨性。当然，从总体上看，立项题目更加聚焦学生发展的研究领域，而课题申报的选题范围则过于分散。

通过对立项课题的聚类分析可知，北京市教育科学规划课题学生发展研究领域的研究重点集中在学生培养的多个方面，包括学生核心素养、学科素养、作业评价、创新能力、心理情绪发展、学习方法、学习策略、社交能力、问题解决等方面。其中，聚类图中最大的节点是"素养"，即以核心素养为核心，围绕各类学科素养、各种能力素养而展开，比如英语素养、数学素养、人格素养、全球素养、文明素养、艺术素养等，研究重点是通过学科教学、课程改革、教学评价等各方面工作推进学生核心素养的发展。比如北京教育学院石景山分院龙娟娟主持的"通过知识应用提高小学生核心素养的实践研究"，北京市育才学校寿延主持的"基于核心素养的高中学法指导研究"，北京市陈经纶中学申琳主持的"提高小学生科学素养策略研究"等。

聚类第二大的是"能力"，即学生的学习能力、思维能力、表达能力、推理能力、情绪调节能力、社交能力等方面，研究的重点是从教学、课程和管理等各个方面，如何采取有效措施促进学生的能力发展。比如北京师范大学毛亚庆主持的"北京市学生社会情绪能力发展策略研究"、北京市教育督导与教育质量评价研究中心冯丽娜主持的"北京市初中学生情绪调节能力评价及提升策略研究"、北京化工大学附属中学汪烨主持的"提升初中学生记叙文阅读能力的实践研究"等。

聚类第三大的是"学习"，即如何促进学生的学习质量提升，采取实证研究、案例研究、调查研究等多种方式，研究制约学生学习的关键要素、探索学生学习效率提升的有效路径。已有选题主要围绕着学习诊断、学习品质、学习习惯、学习策略、主动学习、个性化学习、项目化学习、学习投入等多个方面。比如北京市王平中学周海华主持的"学困生的学习诊断与心理健康问题研究"，北京市第十一中学王海芳主持的"高中语文任务群教学下学生学习方式探究"，北京第一师范学校附属小学张忠萍主持的"快乐教育背景下促进小学生学习投入的实践研究"等。

第四章 "十三五"时期规划课题研究主题与基本进展

此外,关于"阅读"的聚类也比较突出,表明各类教育科学研究者对学生阅读的关注度比较高,比如东城区教师研修中心吴琳主持的"'全民阅读'背景下的小学生分级阅读教学实践研究",密云区高岭镇中心小学王永伟主持的"提升山区一贯制学校学生阅读力的研究"等,还有学者研究了幼儿阅读、特殊儿童阅读等。

六、教育人才队伍建设研究主题聚焦

"十三五"期间,教育人才队伍建设研究的课题申请数量为668项,占全部课题申请数量(9 034项)的7.4%。分析该领域近五年课题申请者的研究选题,了解该领域研究者的关注话题,形成研究聚类图如图4-11所示。

图4-11 教育人才队伍建设研究申报课题聚类图

通过对聚类图的分析可知,课题申请者对教师主体的关注度最高,聚焦北京市的教育人才队伍建设,涉及青年教师、专业发展、学习策略、教师素养、能力评价等方面,总体上与"十三五"期间教育科学规划的定位一致。北京市"十三五"期间教育科学研究规划纲要中对于教育人才队伍建设研究领域与方向的定位,主要是重视各级各类教育人才队伍建设体系研究,推进师德建设研究,开展教师专业标准研究和教师评价机制研究,深化教育人才队伍管理体制改革研究等。进一步对"十三五"期间教育人才队伍建设研究的实际立项课题进行聚类分析,123项立项课题的聚类图如图4-12所示。

图4-12 教育人才队伍建设研究立项课题聚类图

通过对比申请课题和立项课题的聚类分析,立项课题更加突出了对教师专业发展的关注,引导课题申请者更多关注专业发展的有效路径,以及专业素养、培养培训、实践共同体、骨干教师等与教师队伍建设最新政策相关的选题。这体现出课题立项过程中对于最新政策热点的回应,对于课题申请者选题的聚焦,很好地发挥了引领和辅助作用。

通过对立项课题聚类分析可知,北京市教育科学规划课题教育人才队伍建设研究领域的重点集中在教师专业发展维度,以各级各类学校的教师队伍建设、专业发展为主题,包括各种教师专业发展模式、教师专业素养提升路径、青年教师成长、双师型教师建设、教师数据素养、教师培训、教师发展共同体等。从教育人才队伍建设的聚类图来看,最大的节点是"专业",即教师队伍专业发展主题是研究的焦点,包括专业成长路径、专业发展阶段、专业素养提升、专业培训、校本研修策略等方面。比如北京师范大学林静主持的"深化教育综合改革背景下教师专业素养提升策略研究",北京教育学院朝阳分院何冲主持的"基于校长专业标准的中小学校长专业化研究",清华大学附属中学赵鸿雁主持的"教师专业发展的诊断与培训设计",通州区东方"小学何永彤主持的小学成熟期教师专业发展的实践研究"等。

聚类第二大的节点是"青年教师",关注青年教师的发展是当前共识,从幼儿园到高等教育阶段都有对青年教师成长的专题研究。比如顺义区教育研究考试中心周靖彦主持的"基于案例的青年教师专业发展行动研究",首都经济贸易大学毛畅果主持的"北京市高校青年教师的职业发展求助行为研究",北京市第一幼儿园附属实验园彭迎春主持的"提升幼儿园新手教师师幼互动质量的研究"。

聚类第三大的节点则是"共同体",属于教师专业发展的路径维度,从学校层面推进教师队伍建设,也关注到了对集团化办学背景下的发展共同体、学校间教师资源共享机制等内容,比如北京师范大学王文周主持的"基础教育名校办分校背景下分校领导团队效能提升研究",北京教育学院石景山分院陈芳主持的"通过专业学习共同体提升中学英语教师思辨阅读教学能力的研究"等。

此外,还有不少学者开展了教师能力提升的相关实证研究,比如北京师范大学傅纳主持的提升幼儿教师复原力的干预研究,首都师范大学张志新主持的北京职校教师职业能力发展的现状、影响因素与提升策略研究。

七、教育资源配置与效益研究主题聚焦

"十三五"期间,教育资源配置与效益研究的课题申请数量为 229 项,占全部课题申请数量(9 034 项)的 2.5%。分析该领域近五年课题申请者的研究选题,了解该领域研究者的关注话题,形成研究聚类图如图 4-13 所示。

图 4-13 教育资源配置与效益研究申报课题聚类图

通过对聚类图的分析可知,课题申请者对教育资源配置与效益研究的重点比较突出,围绕北京市教育发展的相关资源配置、学区均衡、协同发展等方面展开,基本契合了"十三五"期间教育科学规划的指南要求,但是对于京津冀、教育经费投入等主题的关注仍然不够。北京市"十三五"期间教育科学研究规划纲要中对于教育资源配置与效益研究领域与方向的定位,主要是加强对教育经费投入机制和教育公共财政体制的深度研究,重视教育资源配置,加强教育领域综合改革重点经费保障机制和配套政策,开展有关提高经费使用效益的制度建设研究等。进一步对"十三五"期间教育资源配置与效益研究的实际立项

课题进行聚类分析，57 项立项课题的聚类图如图 4-14 所示。

图 4-14 教育资源配置与效益研究立项课题聚类图

通过对申请课题与立项课题的对比分析可知，立项课题对教育资源配置与效益主题的关注点更加聚焦，紧扣了中央、北京市教育发展的最新政策，聚焦京津冀资源协同发展，聚焦区域教育资源配置，以及教育经费投入、资源整合等主题，体现出对于申请课题研究方向的有效引领。

通过对立项课题的分析可知，北京市教育科学规划课题教育资源配置与效益研究领域的研究重点比较集中，核心内容是围绕京津冀教育协同发展、各类教育资源配置及区域资源共享等方面，进行了相关的政策研究、理论研究和行动研究。其中，最大的聚类节点是"京津冀"，包括京津冀协同发展背景下高等教育、职业教育及基础教育等各学段的资源配置，还有对北京城市副中心、雄安新区的教育资源辐射与共享等。比如北京师范大学赵楠主持的"京津冀协同发展背景下的义务教育资源配置研究"，国家发展和改革委员会刘敏主持的"京津冀协同发展与北京市职业教育资源优化配置研究"等，以及北京教育科学研究院曹浩文主持的"北京市城市副中心教育资源配置的策略与路径研究"，海淀区中关村第三小学郭学锐主持的"雄安新区建设背景下北京市优质基础教育对雄安基础教育援助帮扶的行动研究"等。

其次比较大的聚类节点是"资源配置"，涉及各个层面的教育资源优化、整合与配置，以及教育资源的投入、开发和成本核算，等等。比如北方工业大学于国旺主持的"大中小学教育成本核算方法研究"，首都师范大学杨光主持的"北京市学龄人口波动背景下教育资源配置的策略与路径研究"，北京市教育督导与教育质量评价研究中心杜玲玲主持的"北京市优质教育资源的辐射效应与集散化模式研究"等。最后，关于教育资源的开发、优化、平台配置等也是该领域研究的重要节点，各类教育研究者也对此有较多关注，主要涉及微观层面的课程、教学资源优化配置等。比如北京市陈经纶中学刘德亮主持的"中小学智慧云课堂资源平台建设与应用研究"，北京师范大学附属实验中学李和主持的"核心素养理念下的中学英语教学资源的开发与应用研究"等。

八、教育信息化研究主题聚焦

"十三五"期间，教育信息化研究的课题申请数量为618项，占全部课题申请数量（9 034项）的6.8%，是相关研究人员关注度比较高的选题方向。分析该领域近五年课题申请者的研究选题，了解该领域研究者的关注话题，形成的研究聚类图如图4-15所示。

图4-15 教育信息化研究申请课题聚类图

通过对聚类图的分析可知，课题申请者对教育信息化研究的关注焦点为学习，对互联网、大数据、人工智能等技术的关注也较多，围绕教学、课程、应用模式、信息化创新等方面展开相关研究，方向性比较明确。北京市"十三五"期间教育科学研究规划纲要中对于教育信息化研究领域与方向的定位，主要是开展"互联网+教育"研究，开展首都教育公共服务方式变革和创新举措研究，推进信息技术融入教育教学，关注教育信息化条件下学校结构、课程体系以及教与学方式的变革研究，支持各级各类教育开展优质教育资源数字化服务平台的构建与研究等。进一步对"十三五"期间教育信息化研究的实际立项课题进行聚类分析，92项立项课题的聚类图如图4-16所示。

推动教育科研高质量发展的北京实践

图 4-16　教育信息化研究立项课题聚类图

通过比较申请课题和立项课题的选题聚类可知,申请课题的关注点侧重于信息化技术手段的分析和探讨,尤其是对学生学习的影响和运用,而立项课题则更加聚焦了"十三五"规划课题指南的要点,重点探索了信息化手段与教学的融合应用,突出了在线课程资源、数据、平台、终端等研究方向。

通过对立项课题的聚类分析可知,北京市教育科学规划课题教育信息化研究领域的研究重点比较集中,核心内容是教育信息化的教学应用、课堂教学融合、在线学习、微课资源开发、混合式学习、互联网+教育,等等。首先,聚类分析中最大的节点是"应用",即互联网、移动设备、电子书包、平板电脑等在教育教学中的实践应用,比如北京师范大学实验小学陈飞主持的"互联网背景下电子书包运用的创新研究",北京市第二中学郑克强主持的"人工智能学习系统在高中化学教学中的案例研究",北京大学尚俊杰主持的"基于游戏化学习的教育教学实践研究"等。

其次,比较大的聚类节点是"在线教学",围绕新的教育信息技术与课堂教学融合的研究,包括各学科教学、个性化学习、学习者画像、学习行为分析等方面。比如北京青年政治学院王红霞主持的"基于大数据的 SPOC 在线学习行为分析与研究",北京师范大学吴娟主持的"数字媒体学习与传统学习效果的比较研究",门头沟区教师进修学校艾艳敏主持的"'微课程'助力小学德育课程教学实效性提升的实践研究"。

再次,比较大的聚类节点是"技术",是教育教学领域的技术本身,前沿信息化技术的应用和探索,以及技术与教学融合的发展问题,包括 3D 技术、虚拟现实技术、大数据技术、人工智能、SPOC 翻转课堂，等等。比如石景山区六一小学瞿丽主持的"平板电脑与小学多学科课堂教学有效融合的实践研究"，北京市第一中学王蕾主持的"3D 打印技术在 STEAM 课程中的应用与效果评估"，北京汇文中学温鹏主持的"虚拟现实技术（VR）在物理教学中的实践研究"等。

此外，关于教师信息技术应用能力、学校的信息化资源建设、混合式教学系统开发、在线课程评估等也是研究者们关注的重点，比如北京教育学院朝阳分院胡秋萍主持的"基于移动互联网的教师自主学习模式构建研究"，北京信息科技大学牛科主持的"基于教育大数据的互联网＋教学平台用户评价关键技术研究"等。

九、传统文化教育与德育研究主题聚焦

"十三五"期间，传统文化教育与德育研究的课题申请数量为 623 项，占全部课题申请数量（9 034 项）的 6.9%，是相关研究人员关注度比较高的选题方向。分析该领域近五年课题申请者的研究选题，了解该领域研究者的关注话题，形成的研究聚类图如图 4-17 所示。

图 4-17　传统文化教育与德育研究申请课题聚类图

通过对聚类图的分析可知，课题申请者对传统文化教育与德育研究的关注点比较聚焦，基本上围绕着传统文化的相关内容展开，聚焦了优秀传统文化在学校课程、教学中的传承，并在学校德育、心理、课程体系及社会实践项目中进行相关研究。北京市"十三五"期间教育科学研究规划纲要中对于传统文化教育与德育研究领域与方向的定位，主要是重视对中华优秀传统文化教育的研究，坚持育人为本和立德为先，开展有关德育内容体系、有效形式和长效机制的研究，开展

将社会主义核心价值体系融入国民教育和终身教育全过程的研究,以及学校、家庭、社会合力育人机制研究等。进一步对"十三五"期间传统文化教育与德育研究的实际立项课题进行聚类分析,114项立项课题的聚类图如图4-18所示。

图4-18 传统文化教育与德育研究立项课题聚类图

通过比较申请课题和立项课题的选题聚类可知,申请课题的最大聚类节点是"传统",而立项课题的最大聚类节点是"文化",同时对于"德育"的关注度也较大,表明了立项课题的选题更加聚焦"十三五"规划指南的方向设计,对申报课题的有价值选题进行了精准的评审和方向引领。

通过对立项课题的聚类分析可知,北京市教育科学规划课题传统文化教育与德育研究领域的研究重点比较集中,基本上围绕着传统文化教育和德育两大类研究目标开展,包括各级各类学校传统文化教育的相关研究,以及学校德育工作、思政课程、习惯养成教育等研究。按照传统文化教育与德育研究聚类图的分析可知,最大的聚类节点是"文化",围绕传统文化教育的相关研究,包括其课程体系的建构、育人功能、专业思政教育、各学科传统文化教育、具体实施策略等方面。比如北京科技大学张红霞主持的"北京市中小学传承传统文化发挥育人功能的研究",东城区黑芝麻胡同小学杨毅主持的"依托首都资源开展传统文化教育策略研究"。

聚类图中第二大的节点是"德育",围绕学校德育、思政工作、学科德育渗透、德育课程建设、核心价值观等相关内容的研究。比如北京景山学校郝立萍主持的"整体构建十二年一贯学生发展性德育体系的校本实践研究",北京市第八十中学王学东主持的"诸子散文助读系统开发与德育渗透的实践性研究"。关于爱国主义教育的研究,也是比较大的聚类节点,比如北京师范大学李晓东主持的"新时代加强爱国主义教育的策略研究"。

此外,聚类图中比较大的节点还有"中华文化",即关于弘扬中华民族文化教育的相关理论与实践研究,比较明显的是关于各类优秀中华文化在学校中的实践落地,包括中医药文化、非遗项目、传统武术教育、敦煌文化等。比如北京师范大学附属中学齐宏主持的"敦煌文化与中学艺术课程的整合研究",朝阳外国语学校刘颖主持的"老北京民俗文化美术课程开发与实施研究"等。

十、生态文明教育与可持续发展教育研究主题聚焦

"十三五"期间,生态文明教育与可持续发展教育研究的课题申请数量为189项,占全部课题申请数量(9 034项)的2.1%。分析该领域近五年课题申请者的研究选题,了解该领域研究者的关注话题,形成的研究聚类图如图4-19所示。

图4-19 生态文明教育与可持续发展教育研究申请课题聚类图

通过对聚类图的分析可知,课题申请者对生态文明教育与可持续发展教育研究的选题比较明确,生态、文明、持续等关键词是最大的聚类节点,体现出该领域课题申请者对该主题的聚焦,基本上符合"十三五"课题指南的相关方向。北京市"十三五"期间教育科学研究规划纲要中对于生态文明教育与可持续发展教育研究领域与方向的定位,主要是加强对资源环境国情和生态价值观教育的理论和实践研究,提高青少年参与解决社会、经济、环境与文化可持续发展实际问题能力的研究,以及生态文明教育、可持续发展教育的理论发展和实践状况研究等。进一步对"十三五"期间生态文明教育与可持续发展教育研究的实际立项课题进行聚类分析,32项立项课题的聚类图如图4-20所示。

图 4-20　生态文明教育与可持续发展教育研究立项课题聚类图

通过比较申请课题和立项课题的选题聚类可知，申请课题的关注点侧重于生态文明教育和学校课程体系的结合，以及绿色可持续发展的相关方向，而立项课题在研究方向上则更加全面，积极回应了"十三五"规划课题指南的相关选题方向，增加了对地理环境、雾霾天气、自然观察等资源环境国情的相关选题，以及对中小学生可持续发展能力、素养、生态价值观等实际问题解决能力的关注。

通过对立项课题的聚类分析可知，北京市教育科学规划课题生态文明教育与可持续发展教育研究领域的研究重点集中在生态文明教育领域，而对于可持续发展理论问题的关注度不足。其中，该领域最大的聚类节点是"生态教育"，包括生态价值观教育、生态文明教育、生态文化，比如首都师范大学张颖之主持的"北京中小学生生态文明素养调查研究"，顺义区第一中学李冬主持的"普通高中生态文明教育内容建构与实施策略的研究"等。其次，比较大的聚类节点是"可持续发展"，也是围绕生态文明与可持续发展的主题展开，比如北京教育科学研究院张婧主持的"中小学生态文明与可持续发展教育的实施路径研究"，北京市第十二中学范晓媛主持的"践行生态文明与可持续发展教育，培养化学核心素养的教学实践研究"等。此外，比较明显的节点还有"环境教育"，对于大自然的环境教育、自然教育、雾霾天气、博物学等方面的关注度较高。比如北京市育英学校王作舟主持的"应对雾霾天气的学校体育锻炼方案"，国家林业和草原局幼儿园魏鸿主持的"幼儿园探究式自然游戏的实践研究"等。

第四章 "十三五"时期规划课题研究主题与基本进展

第二节 课题重要研究进展与创新成果

"十三五"期间,北京市教育科学规划课题持续聚焦决策咨询研究、实践应用研究和基础理论研究三个方向,围绕教育宏观战略与政策研究等十大领域,支持各类研究人员开展首都教育改革与发展热点、难点问题的研究。"十三五"期间,北京市教育科学规划项目共计结题 665 项,结题评价为良好以上的占比 28.0%,课题产出的成果数量不断增加,成果形式也更加丰富,多个学科领域取得了较为丰富的前瞻性、创新性研究成果,对于提升首都教育现代化水平、繁荣首都教育科研事业发挥了重要作用。

一、基础理论研究重要进展与创新成果

开展基础理论研究是"十三五"时期北京市教育科学研究的三大定位之一,旨在为教育决策咨询研究和教育教学实践研究提供坚实的理论支撑,为提升北京市教育科学研究的理论水平奠定基础。从研究者的关注程度来看,虽然涉及基础理论研究的课题数量不多,但已有研究基本关注到了教育事业发展中的多个前沿理论问题,及时完成了相关理论探讨和模式创新,取得了较为丰富的创新性成果。

从研究者的选题方向来看,基础理论研究也并非仅仅局限于"教育基本理论与国际比较研究"模块,在教育宏观战略与政策、教育治理体系、课程、教学、评价改革以及学生发展研究等领域也有基础性理论探索,相关研究成果的质量也比较高。比如北京教育科学研究院方中雄研究员主持的重大课题"京津冀协同发展战略下首都教育地位、作用和变革趋势的研究",这既是一项重大的政策咨询研究,也是关于京津冀教育协同发展的基础性理论研究。课题研究通过历史回顾、文献梳理等方法,深入分析了新时代首都教育现代化的阶段性特征,并基于此提出了面向 2035 年首都教育的发展方向,对于促进首都教育现代化发展有重要的理论指导意义。同时,北京师范大学任翔教授主持的"传统文化在学校教育中传播的方法与途径研究",通过研究传统文化教育基本理论,厘清了传统文化的基本概念,明确了传统文化教育的目标和内容,并通过

总结历史与现实、国内与国外传统文化教育实践经验，破解了长期以来我国传统文化教育目标不明、内容不清的缺憾，完善了中华传统文化教育的诸多理论问题，研究成果在《教育研究》《光明日报》等重要刊物发表。

关于教师学习、学生发展等选题也是教育基础理论研究关注的方向，围绕着教师发展模式、学生评价、学生发展规律、传统文化进学校等主题，研究者们取得了较为重要的研究进展，多篇研究成果发表在权威期刊《教育研究》上，部分成果还被《新华文摘》全文转载，产生了较大的理论影响力。比如中国教育科学研究院李新翠副研究员主持的"教师学习共同体建设模式研究"，通过对小学教师专业合作现状的大规模调查，构建了教师学习共同体建设的理论框架，包括科研共同体、学习共同体、思维型课堂共同体等多个维度，对于系统推进教师专业发展的理论探索和模式构建有重要价值，研究成果《何以促进中小学教师专业合作——基于近万名教师的经验证据》在《教育研究》上发表。同时，清华大学教育研究院阎琨主持的"北京地区研究型大学资优本科生的学习状况和满意调查——创新型人才培养的实证研究"，基于对资优学生的学习适应状况调查，深入探寻了资优学生的个性特点和成长规律，研究成果为北京地区研究型大学如何为资优本科生提供符合其成长规律的本科教育提供了较好的理论指导；课题研究成果被《新华文摘》全文转载，并且获得了北京市哲学社会科学优秀成果二等奖。

为提高研究成果的国际影响力，研究者们经常会用实证研究方法探讨各个学科的基本理论问题，尤其是关于学生身心发展的理论研究，多数是通过大规模学生调查探讨一些基本理论问题，研究成果发表在 SSCI 等国际权威期刊上，有较高的理论价值和学术影响力。比如北京师范大学王烨晖主持的"社会情绪学习对小学生发展的影响研究"，采用分层随机取样法调查了 7 106 名四、五年级小学生，探究社会情绪能力对学生学业成绩、情感态度以及人际关系的影响，探讨多个变量间的作用机制和发展规律，研究成果发表在《心理与行为研究》和 Frontiers in Psychology 等权威期刊上。同时，中央财经大学林光彬主持的"以学为本的本科教育质量评价体系研究"，全面收集了国外高校大学生评教的典型案例，通过深入的案例剖析，对照国内高校大学生评教行为，对其评教的行政化弊病进行有效分析，以国外大学学生评教典型案例剖析为基础，课题组完成了《学生评教的行政化与学术化论析》，发表于《教育研究》核心期刊，并被《中国青年报》摘编转载，得到了学界广泛关注。

二、决策咨询研究重要进展与创新成果

"十三五"期间，北京市教育科学规划课题研究着力聚焦"四个中心"城市战略定位，积极推进教育科研服务决策的"智囊团"建设，围绕北京教育改革与发展的重点、难点问题，进行系统攻关和专题研究，取得了多项重大研究成果，在服务政府决策中发挥了重要作用。同时，在规划课题的组织形式上给予重点保障，专门设立了年度规划的重大课题和优先关注课题，在选题内容方向上发挥积极的引领作用，课题研究取得了较为丰富的创新性成果，为首都教育改革发展的重大战略决策提供依据。

从未来教育宏观战略决策入手，研究北京市教育发展和综合改革思路，产生了多项重要的决策咨询成果。比如北京市教育委员会李奕主任主持的重点课题"北京教育基本公共服务水平评价研究"，通过理论研究和政策梳理，构建了北京教育基本公共服务的评价指标体系，探索了基于"移动互联"的教育基本公共服务供给模式，为进一步完善北京教育基本公共服务水平提出有效的政策建议，也为其他省市提供相关经验。原北京市教育委员会线联平主任主持的特别委托课题"推进首都教育管办评分离的实践策略研究"，对"管办评分离"政策如何在实践层面上应用进行了翔实的研究，提出"管办评分离"政策的落实机制，为实现首都教育现代化的制度建设提供重要支撑。此外，北京教育科学研究院苏婧副研究员主持了"北京市学前教育发展战略与规划研究"，提出了北京市学前教育的总体战略和2035年发展目标，对首都学前教育发展规模、结构、质量等做出总体研判，为北京市科学制定学前教育发展规划提供了有效的政策建议。

聚焦京津冀教育协同发展的决策咨询研究，研究者们的关注度也较高，研究资源投入较大，课题研究取得了重要进展。比如北京教育科学研究院方中雄研究员主持的重大课题"京津冀协同发展战略下首都教育地位、作用和变革趋势的研究"，研究成果为北京市"十四五"规划编制提供了重要依据。北京教育科学研究院高兵主持的"京津冀教育协同发展与资源共享机制研究"，通过定量和定性分析相结合，提出在京津冀区域内构建政府、学校和社会教育协同发展的网络体系，研究成果以内参形势提供给教育部、北京市教委等决策机构，

为京津冀三地教育协同发展提供强大助力,具有广泛的政策影响。

关注区域教育优质均衡发展是"十三五"期间的重要决策咨询选题,相关研究产生了多个创新成果。比如首都师范大学教育学院张爽主持的"北京市基础教育公立学校教育集团管理机制研究",在分析基础教育集团化办学理论基础上,构建了基础教育集团化办学的多种模式,对北京市集团化办学的工作推进有重要支撑。研究成果发表在《教育研究》,并被《新华文摘》部分转载,获得北京市第十四届哲学社会科学优秀成果奖二等奖。首都师范大学田汉族教授主持的"北京市学前教育区县均衡发展现状、问题与对策研究",深刻揭示北京市学前教育区县发展不均衡的深层次原因,为促进北京市学前教育高水平均衡发展提出了多条有效措施;基于研究成果撰写的政策建议呈送到北京市教委、教育部教师司,相关成果也被《人大复印资料》全文转载。

聚焦学校发展的决策服务研究,服务北京市教育委员会政策制定。比如北京教育科学研究院殷桂金主持的"普通高中分类发展模式的研究",通过专家咨询、实践探索、文献分析等方法,提出了普通高中分类发展模式的有效实施策略,部分研究成果纳入《北京市关于推进普通高中多样化发展指导意见》。北京教育科学研究院赵澜波主持的"社会、学校、家庭协同教育研究",提出了现代学校制度建设中家校合作制度建立的合理路径,探索出家长教师协会组织结构的多种建设模式和运行机制,为政府起草了《北京市教育委员会关于进一步建好家长教师协会的意见》,取得了较好的政策影响效果。

此外,从北京市年度教育改革发展中的热点问题入手,探索有效的政策完善思路,也是研究者们关注的重点,产生了多项创新性成果。比如中国教育科学研究院马雷军副研究员主持的"中小学学校安全标准化管理研究",通过对国际学校安全管理标准的比较研究,分类开发了学校安全管理标准化框架和指标,并对教育行政部门以及基层学校安全管理提出有效建议,课题研究结论被教育部《学校安全条例》立法所采用。再比如北京师范大学叶菊艳主持的"'能量理论'视域下教师轮岗交流政策实施研究",采用质性研究与量化研究相结合的方法,深入探讨了"教师交流"政策脉络下教师能量流动方式,以及教师流动意愿、能量发挥状态的影响因素,项目研究产生 1 篇 SSCI 成果,6 篇 C 刊研究成果,研究成果为北京市乃至全国教育人才流动和教育领导发展提供了理论参照,部分研究结论已经投入影响朝阳区的轮岗交流政策实施。

第四章 "十三五"时期规划课题研究主题与基本进展

三、教育教学实践研究重要进展与创新成果

教育教学实践研究的课题数量占比较大，是大多数一线中小学研究者关注的焦点，推动教育教学实践创新、服务教育教学改革、提升教育教学质量，是该研究领域的核心目标。已有研究进行了大量的理论分析和实验探索，取得了诸多研究成果和改革经验，有多个研究成果获得了各级各类的教育教学成果奖，为引领教学改革、推动实践创新发挥了较大作用。教育教学实践研究的重要成果方向，主要涉及课程、教学、评价、学生发展、人才队伍建设、教育信息化等多个方向，研究成果的形式也逐渐多元化，有效推动了研究成果的实践转化。

强化课堂主阵地、提高课堂教学质量是"十三五"期间北京教育改革与发展的重要任务，相关研究在教学模式、教学策略、教学资源等多个方面取得了创新性成果。比如海淀区教师进修学校罗滨校长主持的"海淀区义务教育阶段学业标准与教学指导研究"，在深入解读义务教育国家课程课标基础上，分学科研制了各学段、各年级的学业标准，同时提炼了各学科教学关键问题，并提出了问题解决策略，课题研究出版发行《海淀区义务教育学业标准与教学指导》丛书30本，研究成果在海淀区学校进行推广应用，初步形成了使用策略。同时，北京教育科学研究院何光峰研究员主持的"基于录像课分析的教学问题诊断研究"，构建了符合北京市义务教育阶段课堂教学特点的课堂教学评价系统和工具，开展学校课堂教学问题的诊断，针对问题提出改进教学的有效建议，研究成果《基于信息技术平台的课堂教学观察与评价系统》获得北京市政府优秀教学成果二等奖。

校本课程是中小学课程建设的重要环节，也是打造学校办学特色的重要抓手，已有研究聚焦特色校本课程体系建设，取得了较为丰富的理论和实践成果。比如北京教育科学研究院李群进行了"北京市中小学中华优秀传统文化课程开发研究"，提出了中华优秀传统文化教育的多种实施途径与对策，研究成果为提升北京市中小学生传统文化素养提供了有效支撑，为落实传统文化教育给出了北京模式。比如北京小学李明新开展的"优化学校课程促进小学生综合素质发展的实践研究"，充分挖掘"四季"特色及育人价值，构建了以"四季课程"为特色的学校课程体系，并通过调整"学时"、走班式教学、增强实践性课程、

丰富艺术、体育课程等方式完善学校课程实施方案，有效地满足了学生多元化发展需求。

关注学生的非认知能力培养成为新的研究热点，相关研究者从理论和实践层面进行深入探索，形成了诸多有代表性的创新举措和研究成果，对促进学生综合素质发展起到了很好的作用。比如北京海淀区职业技术教育中心程洪莉主持的"提高职高生职业适应性能力的途径研究"，通过文献研究全面了解高职学生社会适应性能力的概念、内涵，并在实践中提炼出职高生适应性能力的有效途径，制定了提高职高生职业适应性能力的部分评价标准。比如北京市西城区三教寺幼儿园王岚主持的"主题活动中幼儿关键经验与教师支持策略的实践研究"，通过三轮行动研究，不断实践和调整研究设计的关键经验与支持策略，促进了幼儿关键经验的提升和教师专业发展，更在实践中形成了园本化行动研究的氛围。

关注人才培养模式创新，是各级各类教育教学改革的重点，也是研究者们课题选题的重要维度，相关研究成果也比较丰富，有很好的理论和实践价值。比如中国教育科学研究院冯雅静主持的"融合教育环境中高功能自闭症儿童汉语阅读理解的干预研究"，深入研究了指代线索教学策略在提升高功能自闭症儿童汉语阅读理解能力上的作用，研究成果为班中有自闭症儿童随班就读的普通语文教师的阅读教学提供了直接策略指导，对随班就读工作的开展和质量提升产生了深远的影响，研究成果发表在核心期刊《中国特殊教育》上。比如北京理工大学彭熙伟主持的"加强工程科技人才培养实验教学研究与实践"，以专业课程的实验教学改革为突破口，围绕"工程性、实践性、综合性"等主题进行了深入而系统的研究与实践，相关研究成果获得北京市高等教育教学成果奖一等奖、中国自动化学会（CAA）高等教育教学成果奖一等奖等。

此外，探索教师专业发展的有效路径一直以来都是学者研究的重点，"十三五"期间研究者从多个层面对新时代教师专业能力进行研究，取得了丰富的研究成果。比如北京史家胡同小学王欢校长主持的"集团化办学背景下构建教师领导型治理结构的行动研究"，构建了"教师领导型治理结构"理论模型，破解了集团办学的诸多难题，形成了一系列"史家经验"，荣获国家级教学成果奖一等奖1次、二等奖2次，发表多篇论文和著作。北京市海淀区教师进修学校韩巍巍主持的"实践共同体视角下的骨干教师培训模式研究"，建立了《海淀区骨干教师专业素养标准》,制定了《海淀区骨干教师导师制研修选拔、管理、评价方案》《海淀区骨干教师导师制研修三级课程体系》,相关研究成果获北京市第八届"京研杯"教育教学研究成果二等奖。北京师范大学教育学部李琼教授主持的"保持专业发展的热情和动力:北京市中小学心理韧性研究",对中国文化背景下不同学段、不同工作场域和不同专业发展阶段教师的韧性表现特征、结构维度及作用机制进行了探索。课题研究成果丰富,国际文献的发表、中文专著及十七篇中文文献的发表,为未来的相关理论研究和政策实施提供了实证研究的线索和依据。

第五章
教育科研热点专题研究进展

  导 引

"十三五"规划期间,教育科研工作以年度课题指南为引领,立项课题围绕首都教育改革与发展中的基础性、全局性、战略性、前瞻性问题开展研究,在基础理论研究、教育政策研究、教育教学实践研究等方面取得了一批重要的成果,为提高教育决策的科学化水平,促进首都教育公平、优质、创新、开放,办好人民群众满意的首都教育发挥了重要支撑作用。

第一节 教育宏观战略与基本理论问题研究基本进展

一、教育宏观战略与政策研究主要成果

"十三五"期间,教育宏观战略与政策研究领域共计有 39 项合格结题,其中免于鉴定的课题共有 8 项,免于鉴定和鉴定等级为良的课题共有 14 项,占比 35.9%。总体来看,教育宏观战略与政策研究取得了重要进展,课题研究质量和成果水平较高,为北京市教育发展的宏观政策分析、决策咨询、热点难点问题调研及重大综合性教育问题研究等发挥了重要支撑作用。简要梳理教育宏观战略与政策研究领域代表性的重点研究进展,主要涉及京津冀教育协同发展战略、基础教育优质均衡发展、教育宏观战略规划等方面。

第五章　教育科研热点专题研究进展

（一）聚焦京津冀教育协同发展，厘清首都教育发展战略定位

"十三五"期间，北京市深入贯彻落实京津冀协同发展战略，积极推动京津冀教育协同发展，联合天津、河北出台了《京津冀教育协同发展行动计划（2018—2020年）》。研究者们在"十三五"教育规划课题中积极关注，从理论、政策等多个维度进行了系统研究，为完善京津冀协同发展战略，助力首都教育高质量发展发挥了重要支撑作用。比如北京教育科学研究院方中雄研究员主持的重大课题"京津冀协同发展战略下首都教育地位、作用和变革趋势的研究"，把北京教育放在京津冀区域协同高度去谋划，打破在"一亩三分地"办教育的思维，让区域教育联动融通，实现地区教育特色化、精品化发展。课题组通过实地调研、专家访谈、历史回顾、文献分析等方法，全面梳理了首都教育发展从初步探索到全面推进现代化的跨越式发展历程，并深入分析了新时代首都教育现代化的阶段特征，基于此提出了面向2035年首都教育的发展方向，以及实现京津冀区域教育协同发展的有效路径，包括做好教育资源跨区域空间布局，重新审视首都基础教育、职业教育、高等教育在区域协同发展中的地位和作用等。

京津冀教育资源的优化配置，也是学者们关注的重要话题，通过政策创新和制度优化促进京津冀资源共享配置成为研究共识。比如北京邮电大学王亚杰党委书记、教授在"京津冀教育协同发展与资源共享机制研究"中，从京津冀教育协同和教育资源共享的影响机制及路径分析入手，提出了京津冀教育协同和资源共享的研究框架，并通过测算京津冀政府资源、资本市场、产业特质和区域市场化程度在教育资源共享路径当中的实证依据，提出针对京津冀教育资源现阶段可行和高效的教育资源协同和共享模式。此外，北京教育科学研究院高兵在"京津冀教育协同发展与资源共享机制研究"中，通过对京津冀区域与国内外大都市圈的差距进行纵横双向分析，对区域教育发展形势做出基本判断。通过定量和定性分析相结合，提出在京津冀区域内构建政府、学校和社会教育协同发展的网络体系，包括从管理层面构建具有权威性和执行力的中央政府协调机制，发挥政府治理与市场资源配置的调控作用等，并形成了大量的典型性案例；研究成果以内参形势提供给教育部、北京市教委等决策机构，为京津冀三地教育的协同发展提供强大助力，具有广泛的政策影响。

（二）关注区域教育优质均衡发展，探索实现教育均衡发展的新举措

"十三五"时期，北京教育改革发展实践中，持续推进义务教育优质均衡发展，重视教育资源的存量调整与增量配置，有序疏解部分教育功能，促进区域教育协同发展。在"十三五"教育科学规划课题中，研究者们对上述政策问题及时进行了回应，采用多种方法从多个角度对其进行深入研究。

学前教育均衡发展也是重要的政策议题和实践课题，率先实现北京学前教育均衡发展在全国具有重要意义。比如首都师范大学田汉族教授主持的"北京市学前教育区县均衡发展现状、问题与对策研究"，深入分析了北京各区县对学前教育政策、师资、经费及硬件设施需求及达标情况，深刻揭示北京市学前教育区县发展不均衡的深层次原因，比如学前教育制度不健全、3～5 岁幼儿的学位不足、幼儿园条件差距较大、幼儿教师数量不够、质量不高、许多民办园安全管理不严、设施设备简陋、教学不规范等问题。为促进北京市学前教育高水平均衡发展，课题研究提出了加强幼儿教师队伍建设、建立学前教育协同治理体系、推进幼儿园的地区均衡分布、促进幼儿园优质均衡发展、建构学前教育发展的北京模式等政策建议。基于研究成果撰写的政策建议呈送到北京市教委、教育部教师司，学术成果也被《人大复印资料》全文转载，产生了一定的社会影响。

此外，也有学者从学校层面探讨了校际均衡发展的问题，如何促进区域内的资源均衡配置，也是目前教育政策领域关注的重要热点问题。北京师范大学薛二勇教授主持的"北京市义务教育区域内校际间均衡发展策略创新"课题，以北京市为考察对象，深入研究了区域义务教育均衡发展的相关政策问题，充分借鉴了国内外相关的理论文献和政策实践，系统提出了北京市促进义务教育均衡发展的政策建议，包括建立北京教育均衡发展指标体系与评价机制，推进建设多元化的社会参与和监督问责机制，明晰相关政府部门的职责范围以及服务职能等，对于改进和完善区域义务教育均衡发展的政策工具提供了很好的决策支撑。

二、教育基本理论与国际比较研究基本进展

"十三五"期间，教育基本理论与国际比较研究领域共有 39 项合格结题，其中免于鉴定和鉴定等级为良的课题共有 4 项，占比 10.3%。教育基本理论研

究的定位是为北京市教育改革与发展的重大实践问题提供理论支撑，促进教育学学科相关理论问题的深入研究与发展；国际比较研究则是围绕北京教育改革与发展的热点、难点问题，吸收、借鉴国际先进的教育发展经验。该领域比较重要的研究成果主要围绕着学校分类发展、人才培养、国际理解教育等主题展开。

（一）关注学校分类发展研究，引导不同类型学校实现特色办学

基于学校不同特征实现多样化发展，涉及学校的办学定位、发展模式及特色建设等内容，是政府决策层面和学者关注的重要话题，也是教育基本理论领域关注的重要方向。已有研究分别关注了基础教育和高等学校的特色发展问题，从不同角度探索了分类发展的相关模式，对于促进学校特色办学具有很好的决策参考价值。比如北京教育科学研究院殷桂金副研究员主持了"普通高中分类发展模式的研究"，通过对70所普通高中学校发展现状的调研，完成了对普通高中分类发展模式的内涵研究，从区域和学校层面概括了分类发展的模式，形成了不同类型学校培养模式的基本形态。同时采用行动研究法，组建高中特色发展联盟，为不同类型不同层次不同区域的学校搭建"对话—交往"平台，形成了普通高中分类发展模式的有效实施策略，并采用专家咨询法研制了普通高中分类发展的评估指标体系。经过几年的行动研究，北京市普通高中学校校内培养模式多样化已渐成趋势，大部分高中学校形成了分层分类的课程体系。课题成员多次在国家级会议上进行成果交流，也有成员参与了《北京市关于推进普通高中多样化发展指导意见》（以下简称"《指导意见》"）的起草工作，部分研究成果作为政策建议纳入《指导意见》。

高等学校的分类发展工作，也是"十三五"期间北京市教委重点推进的工作内容，已经初步完成了市属高校的分类工作，目前已经进入深入推进实施的阶段。北京联合大学朱科蓉主持了"北京地区不同类型高校使命陈述的比较研究"，主要通过内容分析法对50所高校"十三五"发展规划文本进行分析，建构了地方本科高校的内容分析类目。借鉴Fred R. David的使命陈述9要素分析框架，建构了北京高校使命陈述的分析框架。基于50所高校的文本分析，对部属高校和市属本科高校发展规划中的使命陈述进行比较，提出了不同类型高校在使命陈述方面的共性、差异与问题。研究发现，高校应在发展规划开篇明确陈述学校的使命，因为使命陈述是对办学宗旨及职责进行表述，它是大学

推动教育科研高质量发展的北京实践

发展规划的首要环节,也是发展规划的核心内容,它决定大学战略规划内容区别于其他组织。研究产出成果较多,为各高校制定学校发展规划、明确学校办学使命、实现特色办学等方面提供了决策支撑。

(二)关注教育宏观政策与战略规划,支撑首都教育决策和综合改革

"十三五"时期,北京市积极推进区域教育发展与国家战略的有效对接,推进首都教育事业发展的全局性、战略性和前瞻性改革,相关研究人员也紧紧围绕着国家和北京市发展需求,开展了教育相关领域的宏观战略研究,具有较强的前瞻性和引领价值。北京市教育委员会李奕主任主持了重点课题"北京教育基本公共服务水平评价研究",从供给、均等化和效果三个角度全面呈现了北京教育基本公共服务的现状,现状调研和专题研究为政府改进公共服务提供有价值的参考信息;通过理论研究和政策梳理,构建了北京教育基本公共服务的评价指标体系;结合数据分析和实证研究,深入探索了基于"移动互联"的教育基本公共服务供给模式,为进一步完善北京教育基本公共服务水平提出有效的政策建议。研究者发表的一系列有关北京市促进教育基本公共服务水平的论文被多次引用,相关实践研究成果不仅作为政策予以实施,也为其他省市提供相关经验。

北京教育科学研究院苏婧副研究员主持的"北京市学前教育发展战略与规划研究",系统探索了新时期北京学前教育的发展战略问题,从内外部环境角度深入剖析了目前北京市学前教育的发展挑战,预测北京市学前教育事业发展规模与需求趋势,提出了北京市学前教育的总体战略和2035年发展目标,对首都学前教育发展规模、结构、质量等做出总体研判。同时,深入研究了北京市学前教育发展的体制机制改革问题,包括北京市学前教育办园体制、学前教育管理体制等,对于进一步优化学前教育发展的顶层设计、构建适于北京的托育体系提供了很好的政策研究支撑。同时,北京师范大学洪秀敏教授就"单独两孩"人口政策调整后北京市学前教育应对政策进行了深入研究,采用文本分析法、问卷调查法、访谈法、分要素人口预测方法等,深入调查家庭的二孩生育意愿和需求,科学预测二孩政策调整后北京未来十年适龄学前人口数量的变化趋势,分析其对幼儿园园舍、师资、经费等学前教育资源的需求,提出了面临的新问题与新挑战,为北京市政府科学制定适合学龄前人口变动趋势的学前教育发展规划和资源配置提供研究参考与政策建议。

（三）积极开展国际比较研究，为北京教育改革发展提供先进国际经验

实现首都教育的高水平发展，需要加强对全球教育改革先进经验的研究和借鉴，通过多维度的国际比较研究，了解当前的发展问题、明确未来的发展方向，同时为开展国际合作、交流提供信息支撑。已有相关研究关注了国际理解教育、国际测评考试等热点话题，取得了较为丰富的研究成果。比如北京教育学院尚九宾主持的"北京市中小学国际理解教育学生学习评价体系研究"，通过深入调研和文献分析，系统总结了当前北京市中小学国际理解教育的发展状况与存在问题，结合相关理论和国际经验，有效建构了北京市中小学国际理解教育学生学习评价指标体系，横向上分为文化多样性知识、跨文化交流与合作能力以及理解、尊重与文化自信、文化包容等；纵向上指标内容依据学段分为高中、初中和小学阶段。并且开发了基于国际理解教育学习评价指标体系的评价工具，为北京市中小学国际理解教育学生学习状况评估奠定了较好的基础。

西方国家最先开始对教师效能进行研究，美国兰德公司相关研究指出，教师效能与学生学习效果具有显著相关，从而开启了教师效能研究的先河。首都师范大学王晶莹副教授主持的"教师效能的国际比较研究：基于 TALIS，PISA 和 TIMSS 的经验"，通过对 TALIS 和 PISA，TIMSS 等国际教师效能指标和测试数据进行国际比较研究，分析教师效能和科学素养的现状，以及教师效能对学生科学素养的影响。课题组利用五国/地区数据，对教师效能、科学素养进行国际比较，为中学科学教师的教育理论和实践提供柔性参考和建议。课题组基于大型国际测评项目 TALIS，PISA 和 TIMSS 等的经验，构建了研究框架和指标体系，并考虑到大型数据库的信效度优势，以 PISA 2015 中国四省市的数据为基础，依次分析上述地区教师效能、中学生科学素养的现状，以及教师效能对中学生科学素养的影响。同步提取美国、德国、澳大利亚和韩国相关数据，进行教师效能和中学生科学素养的横向比较。为各类型学校提出促进教师效能提升的有效策略奠定基础，从而进一步助力于各学校中学生学习成就的稳步提升。

（四）聚焦各级教育人才培养模式研究，为提升人才培养质量奠定基础

"十三五"时期，北京市坚持以立德树人为根本，推进各级各类教育人才培养模式改革，提升教育教学质量。研究者围绕着人才培养相关主题进行了多

维度的探索，形成了诸多有价值的理论成果和实践策略。比如中国教育科学研究院王重主持的"首都教育多样化发展的制度设计与实验研究"，聚焦多样化人才培养方式的制度变革研究，从历史维度分析了多样化人才培养的理论与实践状态，总结出应试教育、考试制度影响了多样化人才培养以及高等教育计划式培养多样化人才等实践中的问题，提出了改革高考的测评方式、给学生更多高校专业选择权等建议；并基于研究成果撰写了改革国家教育治理体系的相关决策建议报教育部，推动了育人模式的相关改革。

同时，关于特殊儿童的人才培养模式也亟待加强相关研究，为特殊教育提供各类资源支撑，确保人才培养质量。比如北京联合大学刘晓明主持的"首都基础教育阶段特殊儿童教育康复资源研究"，全面调研了北京市基础教育阶段特殊儿童教育康复资源的基本情况，按照培智学校、聋校、盲校的分类全面构建了调研工具和指标体系，分析数据后总结了这三类学校在康复资源建设方面的问题与典型经验，课题研究成果直接促进了教育部对于特殊教育学校课程标准的建设步伐，对盲、聋和培智三类学校义务教育课程标准的编制发挥了重要作用。

第二节 教育治理与资源配置研究主要进展

一、教育治理体系研究主要成果

"十三五"期间，教育治理体系研究领域共计有 39 项合格结题，其中免于鉴定和鉴定等级为良的课题共有 15 项，占比 35.9%。党的十八届三中全会把"推进国家治理体系和治理能力现代化"确定为全面深化改革的总目标，而教育治理体系与治理能力现代化是其重要组成部分，也是深化教育领域综合改革的总要求。"十三五"期间，关于教育治理体系的研究也广受关注的热点话题，对教育治理体系的相关制度建设以及教育治理和政策行为进行了深入探索，也取得了较为丰富的研究成果，对于推进北京市教育治理体系现代化建设提供了重要的决策依据。

（一）注重教育治理体系基本理论研究，推进"管办评"分离改革

"十三五"期间，北京市积极推进教育领域治理体系、治理能力的现代化建设，研究者对于该领域研究主题的关注度比较高，从教育治理体系、管办评分离、家校社协同育人等多个方面进行了深入研究，取得了较为丰富的研究成果，对于完善教育发展的体制机制、提升教育治理能力发挥了较好的支撑作用。原北京市教育委员会线联平主任主持的特别委托课题"推进首都教育管办评分离的实践策略研究"，对"管办评分离"政策如何在实践层面上应用进行了翔实的研究。研究提出"管办评分离"政策的落实机制，即依法明确政府、学校、社会权责边界，建立政府、学校、社会良性互动和协调发展的新型关系，形成政事分开、权责明确、统筹协调、规范有序的教育管理体制，构建政府依法管理、学校依法自主办学、社会各界依法参与、评价和监督教育发展的教育公共治理新格局，为实现首都教育现代化提供重要制度保障。

北京教育科学研究院赵澜波主持的"社会、学校、家庭协同教育研究"，以家长教师协会为平台，借助准实验研究方法对学校、家庭和社会协同育人模式和运行机制进行深入研究，研究提出了现代学校制度建设中家校合作制度建立的合理路径，探索出家长教师协会组织结构的多种建设模式和运行机制，并完善了《家长教师协会手册》、研发出《家长教师协会评价指标》和系列培训课程，在研究成果基础上为政府起草了《北京市教育委员会关于进一步建好家长教师协会的意见》，取得了较好的政策影响效果。

北京教育科学研究院赵丽娟主持完成了北京市教育科学"十二五"规划一般课题《北京市教育舆情监测系统研究》，通过案例分析、比较分析、调查统计等方法，明确了教育舆情事件的筛选标准，初步构建了对教育舆情热点的衡量指标体系，从而在纷繁复杂的舆情信息中筛查出准确的舆情关注重点。结合已有相关案例，从时间维度、数量维度、显著维度等方面提出了热点舆情的分析维度，并制定互联网教育舆情信息来源和收集策略。按照政府、媒体、意见领袖、公众等维度研究了影响教育舆情发展的主要因素，并且进行了教育舆情监测系统的初步设计。研究有助于教育管理部门准确把握民意，对于提高教育决策的预见性、民主性和可行性，提高教育公共服务水平和治理能力有重要意义。

（二）关注学校内部治理体系建设研究，提高学校内部的治理效能

管办评分离改革的重要内容是简政放权，进一步激发中小学办学活力，这就需要学校建立内部治理体系，提高学校内部的治理效能，相关研究对该问题进行了较大的关注，在现代学校制度、教师领导、学校安全管理等方面取得了丰富的成果。比如国家教育行政学院许杰主持的"中小学现代学校制度建设研究"，从公共教育权力变迁的政策视角对现代学校制度进行研究，深入探讨了现代学校制度建设实践的动力结构和启动机制，认为现代学校制度建设的动力源头是对教育本质和学校特性的关照，彰显学校的功能特性是学校制度创新的内在动力；在大量实地调研和案例研究的基础上提出了现代学校制度建设的共性经验、实践逻辑、现实瓶颈和实施路径，为推进中小学教育治理现代化提供支撑。

北京史家胡同小学王欢校长主持的"集团化办学背景下构建教师领导型治理结构的行动研究"，基于对"教师领导"概念的梳理，构建了"教师领导型治理结构"理论模型，史家教育集团进行权力关系的重构、教师共同体的构建、领袖教师的培养，从学校组织、共同体、个体三个层面整体进行治理结构的调整。基于"教师领导型治理结构"的搭建与完善，学校治理效能不断转化为实践成果，破解了集团办学的诸多难题，完成了对集团发展的理念、战略、机制的顶层设计，形成了一系列教育均衡发展的"史家经验"。荣获国家级教学成果奖一等奖 1 次，二等奖 2 次；多篇学术论文在《中小学管理》《人民教育》《北京教育》《中国教师》等杂志上发表，多本著作也在中国发展出版社公开出版。

中国教育科学研究院马雷军副研究员主持完成了北京市教育规划青年专项课题《中小学学校安全标准化管理研究》，通过对学校安全标准化管理的理论分析，对中小学校安全管理标准的历史与现状进行深入剖析。课题对国际学校安全管理标准化进行比较研究，总结了其他国家和地区在学校安全标准方面的先进经验和做法。从安全预防、安全应对、安全恢复三个"维度"分类开发了学校安全管理标准化框架和指标，并对教育行政部门以及基层学校的安全管理提出具体的对策建议。课题研究的主要结论被教育部《学校安全条例》立法所采用，相关学术论文也发表在核心期刊上，得到学界同行的认可。

(三)重视社会力量参与教育治理研究,形成第三方教育评价机制

政府、学校、社会间的协同治理关系,是教育治理体系现代化的重要标志,发挥社会力量参与教育治理的作用,构建第三方社会评价机制,在相关研究中也得到了很高的关注,代表性研究成果也比较丰富。比如清华大学教育研究院张羽主持的"北京市小学阶段校外培训机构对学生学习行为及学校教学的影响"课题,对北京市基础教育阶段课外补习专题从定性和定量角度做了系列研究,系统梳理了北京市小升初的政策变迁,并通过对学生家长及学校教师的深度访谈,对"坑班"式择校的由来及其广泛而深刻的社会影响做了深度刻画,重新审视课外辅导存在的意义,并从质性研究的分析视角探究了"坑班"背后的运行机制,提出了校外培训机构有效治理的政策启示和建议。

海淀区人民政府教育督导室乔键主持的"深化教育领域综合改革背景下校外教育督导实践研究",积极探索校外教育与校内教育结合、教育督导和教育评价结合、教育督导和课程建设结合的工作机制,抓住校外教育督导体系初建的契机,全面建构校外教育督导工作机制和队伍建设机制。课题组积极分析校外教育督导工作效能,全面剖析校外教育督导特征,为区域校外教育督导工作开展提供依据,完善校外教育督导理论,丰富校外教育督导经验。课题研究对于创建海淀校外督导模式,建立校外教育督导评价体制机制,完成全区校外教育机构综合督导工作奠定了研究基础。实践证明,督导工作符合海淀区实际,运行合理有序,客观可行,效果明显。

此外,国家教育行政学院李虔主持的"新时期加强民办教育分类管理机制与政策研究",对当前非营利性民办学校的管理现状进行深入调研,研究举办者办学回报和剩余财产分配、非营利性民办学校扶持和监管、营利性民办学校获取捐助和融资、师生权益保障等业界顾虑的焦点问题。课题组对制约分类管理推进的主要难点进行系统梳理,认为其背后折射出的是非营利性民办学校的非营利法人定位与举办者要求获取办学回报和分配剩余财产的矛盾、非营利性民办学校获取政策支持的诉求与扶持措施未完全落地的矛盾等。当前,政府层面以纲领性政策为主,对分类登记、转型政策、学校治理等具体问题回应不足,影响了分类管理政策的实施效果。为此建议,政策供给有必要从粗放型走向精细化,对制约改革进程的实践问题进行有效回应。

二、教育资源配置与效益研究

"十三五"期间，教育资源配置与效益研究领域共有 50 项合格结题，其中鉴定为良好及以上等级的有 17 项，占全部结题数的 34.0%。教育资源配置与效益领域的关注主题比较聚焦，围绕着教育资源的优化配置、教育资源使用效益的提升等方面展开，取得了较为丰富的研究成果，对于完善教育领域综合改革的资源支撑机制，提高资源利用效率等方面有重要作用。

（一）扩大优质教育资源覆盖面，提高区域教育均衡发展水平

推进优质教育资源的优化配置，是促进区域间、学校间均衡发展的有效措施，研究者们对理论和实践有深入的研究和探索。比如北京师范大学教育学部高莉主持的"北京市义务教育优质资源扩大模式研究"，以城乡合作办学、学区化办学、集团化办学为典型模式，通过量化与质性相结合的研究方法，对每种办学模式、内部管理架构及权力结构，资源扩大内容和机制、成效进行调研，并挖掘每种模式存在的问题及背后的体制机制原因，在综合分析各种扩大模式的基础上，从办学体制层面上提出北京市教育改革的政策建议。

同时，首都师范大学教育学院张爽教授主持的"北京市基础教育公立学校教育集团管理机制研究"，对北京市基础教育集团化办学现状进行了实证调查，在分析基础教育集团化办学理论的基础上，构建了基础教育集团化办学的多种模式，并从基础教育集团化办学的场域和集团自身两个不同层面提出了可操作性强的政策建议，对北京市集团化办学的工作推进有重要支撑作用。研究成果发表于《教育研究》《教育学报》等权威期刊，被《新华文摘》部分转载，获得了北京市第十四届哲学社会科学优秀成果奖二等奖，研究成果在学界引起了比较强烈的反响。

北京市东城区教育研修学院院长郭鸿主持的"区域优质教育资源有效利用的实践研究"，深入调查了区域优质教育资源配置及其利用现状，基于优质资源配置问题的分析，深入探究了区域优质教育资源有效利用的方式，并全方位考察了资源应用的真实效果，验证优质教育资源使用的有效性，通过三轮行动研究，梳理形成了优质教育资源有效运用的方式、有效利用的路径和运行机制，建设成优质教育资源有效利用的区域发展新格局，一定程度上缓解了区域优质教育资源有效利用不足的现状。课题研究成果较为丰富，发表了多篇 CSSCI

期刊论文,在《中国教育报》及相关会议中交流,并且获北京市基础教育科学研究优秀论文一等奖。

(二)关注各类教育资源的整合,助力于教育资源配置效益提升

除了从教育均衡发展的角度来分析教育资源的优化配置问题,很多学者还从不同角度关注了教育资源的整合问题,如何在不断学段间、不同资源类型间进行有效的整合优化,提高教育资源配置的效益。比如北京市海淀区上地学区管理中心林子敬主持的"学区治理模式下教育资源整合策略的研究与实践",系统梳理了学区制有关理论,对国内外其他的学区制探索进行了实地调查,对学区内校长、教师和学生以及家长进行调研,深入分析了学区内教育资源配置中存在的问题与不足,提出了学区内教育资源整合的基本策略,并积极开展学区内教育资源整合与优化的实践探索。通过开展课题研究,课题组开展了多样的理论与实践研究,得出整合学区教育资源的基本原则、教育资源整合的机制、上地学区教育资源整合的总体策略以及上地学区人力资源、课程资源、空间资源整合的策略与实践探索。

北京外国语大学附属中学霍霖霞主持的"大学附中借力大学资源 创建优质校的实践研究",通过对学校发展现状和北京外国语大学优质资源的分析,组织双方在管理层面有序接洽,深入探索了附中如何利用大学资源、与大学高效合作的有效模式;课题组借助高校强大的人力资源,进行师资队伍建设有效途径的研究,并通过开设外语特色文化课和综合实践活动课,尝试建立小语种项目实验班,开发适合北京外国语大学附属中学学情、突显外语特色的校本课程。通过课题研究,助力学校构建了富有外语特色的课程体系和教师培训课程体系,2018年学校成为海淀区外语特色学校、海淀区多语联盟基地校。

此外,西城区职业与成人教育中心邹平主持的"利用职教资源建设中小学社会体验课程的研究",通过文献法、调查法、行动研究法,深入调查了西城区中小学社会体验课程建设与中职校教育资源对接情况,建立了利用职教资源建设的中小学社会体验课程标准,同时也建立了利用职教资源建设中学社会体验课程的实施、评价、管理策略。课题研究有效促进了中小学生综合素质的提升,获得学生、家长的认可,并助力于中等职业学校在新时期的转型,获得中小学校的认可。同类型的研究,还有北京市东城区府学胡同小学赵志伟主持的"利用教育资源适应资质优异学生科学素养发展需求",以"教育资源"为出发

点,联结"资质优异"学生的优势与"科学素养"的提升进行"科技教育资源库"整体性开发、"科技教育资源群"模块化开发、"科技教育资源"课程化开发。课题采用"行动研究法",提出了利用教育资源满足资质优异学生科学素养发展需求的策略,并在行动研究中澄清、检验、丰富研究成果。

第三节 课程教学改革与信息化发展研究基本进展

一、课程、教学、评价改革研究主要成果

"十三五"期间,课程、教学、评价改革研究领域共有285项合格结题,其中免于鉴定的课题有10项,鉴定为优秀等级的有15项,鉴定等级为良以上的课题共有96项,占全部结题数的33.7%。总体来看,课程、教学、评价改革研究领域的课题结题数较多,优秀及免于鉴定的课题占比较高,这表明了课程、教学、评价改革领域课题的研究成果较为丰富,对于服务基础教育课程建设、促进教学评价改革等发挥了重要作用。简要梳理课程、教学、评价改革领域代表性的重点研究成果,有较多来自中小学一线的实践研究、应用研究,致力于在学校场域中进行教育科研成果的转化。代表性重点课题在研究主题上与"十三五"教育规划课题的重点工作基本一致,研究成果涉及校本课程体系建设、教育教学模式创新、学生能力素养发展等方面。

(一)聚焦特色校本课程体系建设,支撑学校特色办学的实践

校本课程是中小学课程建设的重要环节,也是打造学校办学特色的重要抓手,有序开发适合本校实际、具有学校自身特点的校本课程,是"十三五"时期基础教育领域的重要改革任务,也是中小学课题研究的重要选题。分析已经结题的优秀成果可知,研究主题涉及不同类型、不同学段、不同学科的校本课程建设,对其校本课程的开发、设计及教学实践进行了深入的理论和实践探索,取得了较为丰富的研究成果,对于完善学校课程体系、促进学生个性化发展起到了较好的支撑作用。在区域层面,北京教育科学研究院李群主持的"北京市

中小学中华优秀传统文化课程开发研究",从中小学教育角度梳理中华优秀传统文化的内容及其分类,构建了具有北京特色的中华优秀传统文化课程体系,探索形成了中华优秀传统文化教育的多种实施途径与对策,创新性构建了以中华优秀传统文化课程为依托的文化课堂,研究成果为提升北京市中小学生传统文化素养提供了有效支撑,为落实传统文化教育给出了北京模式。北京市西城区教师研修学院刘继忠主持的"九年一贯制学校整体课程的设计与管理的实践研究",基于学生全面发展学有优长的特色课程建设理念,在分析九年一贯制学校办学一般规律和经验问题的基础上,提出了九年一贯制整体课程设计与管理策略,为北京市基础教育改革提供了实践研究参考。

在中小学校本课程建设方面,北京小学李明新开展的"优化学校课程促进小学生综合素质发展的实践研究",以学生综合素质培养为目标引领学校课程优化;明确提出了以"五养"理论和"适性"教育为理论指导的课程顶层设计理念,充分挖掘"四季"特色及育人价值,构建了以"四季课程"为特色的学校课程体系,并通过调整"学时"、走班式教学、增强实践性课程、丰富艺术、体育课程等方式完善学校课程实施方案,实现了学校课程的"一体化"推进,有效地满足了学生多元化发展需求。北京市第一六六中学李彤主持的"中学舞蹈校本课程实践与探索"课题,通过文献研究、行动研究和调查研究方法,推进美育内容与实际生活相结合,将训练性与鉴赏性、基础性与艺术性有机结合,明确了课题的培养目标;根据中学生特有的身心特点,对中学舞蹈校本课程的教学内容、教学手段深入研究,最终通过梳理中学博雅舞蹈教材形式,建设出具有普及性、创新性的舞蹈校本教材,使舞蹈校本课程成为学校美育教育的重要载体。再比如北京小学翡翠城分校张文凤校长主持的"校本课程品牌化建设的实践研究",基于学校"绿色成长课程体系"的开发,深入开展了校本课程品牌化建设的行动研究,基于校本课程品牌化建设的实践基础,总结提炼出校本课程品牌化建设的普遍性原则、路径、经验等。学校通过"校本课程品牌化建设"研究,整体带动了学校的全面发展,实现了学生、教师、学校"三位一体"的发展,得到了家长、社会和教育主管部门的积极肯定。

(二)积极关注教学理论及其实践模式研究,为课堂教学质量提升助力

强化课堂主阵地作用,切实提高课堂教学质量是"十三五"期间北京教育改革与发展的重要任务,围绕着教育教学理论和实践模式的相关研究非常丰

推动教育科研高质量发展的北京实践

富,得到了大量一线教育教学工作者的高度关注,在教学模式、教学策略、具体教学设计、教学资源等多个方面取得了丰富的理论和实践成果。比如海淀区教师进修学校罗滨校长主持的"海淀区义务教育阶段学业标准与教学指导研究",在深入解读义务教育国家课程课标基础上,借鉴布鲁姆教学目标分类理论、学习进阶理论等,分学科研制了各学段、各年级的学业标准,同时提炼了各学科教学关键问题,并提出了问题解决策略。课题研究成果丰硕,发表了多篇论文,出版发行《海淀区义务教育学业标准与教学指导》丛书30本;研究成果在海淀区学校进行推广应用,初步形成了使用策略。

关注具体的教学策略和教学模式探索,是一线学校和教师行动研究的主要内容,各类中小学校进行了大量的实践探索,也取得了较为丰富的成果。比如北京第一师范学校附属小学韩玉娟主持的"基于快乐教育的小学数学课堂教学策略研究",通过行动研究、案例分析等多种方法,深化了小学数学课堂"四段式"教学策略,并进一步探索信息技术与场馆资源整合下课堂教学策略优化,构建了基于快乐教育的小学数学课堂评价指标体系,对于提升学生的学习力有积极作用,为教师专业发展提供了大量可借鉴的教学案例,助力教师专业素养提升与教学观念的转变。北京市第一〇一中学平亚茹主持的课题"基于初高中教学衔接的生物学重要概念体系的构建",从初中学段自下而上地探究了初高中衔接问题,结合课堂教学实践开展扎实的行动研究,在对比分析初高中生物课程标准、概念体系及核心衔接点的基础上,探索出初、高中生物教学衔接的有效策略,研究在改进学校教研活动、促进青年教师成长及调动学生学习积极性等方面发挥了积极作用。

随着核心素养的培养进入课程实施阶段,如何在师生互动中提升学生的高阶思维成为教师关注的重点,研究者们从多个维度进行了有效教学行为的探索。比如北京教育科学研究院何光峰研究员主持的"基于录像课分析的教学问题诊断研究",通过开发、构建符合北京市义务教育阶段课堂教学特点的课堂教学评价系统和工具,搜集课堂教学的定量与质性信息,开展不同学科、不同阶段教师、不同类别学校课堂教学问题的诊断,针对问题提出提升教学质量的建议。课题组在前期研究的基础上,开发、完善了录像课分析的工具,研究成果《基于信息技术平台的课堂教学观察与评价系统》获得北京市政府优秀教学成果奖二等奖。此外,北京市十一学校于晓静开展的"基于学生发展性诊断的初中数学教学改进的实践研究",围绕初中数学课程标准的分解细化、教与学方式探索、学习资源支持、学生学习路径分析等方面做了大量的实践探索,建立了一套基于学生发展的初中数学诊断工具,形成了专家命题机制与诊断工作操作流程和基于学生差异需求的分类教学指导策略,并且基于课程标准细目建立了一套支持学生自主发展的学习资源,整体促进了初中数学教学效果的较大改善。

(三)聚焦学生核心素养和学业质量评价,落脚于学生综合素质发展

2016年,中国学生发展核心素养标准正式提出,并成为"十三五"期间课题研究和学校实践的重要主题,如何培养学生的核心素养、提高学生的学习能力成为理论和实践层面关注的焦点。在学习能力、学习方式、学习习惯及学科素养等方面取得了一定的研究进展,对于提高学生学习效率、改进课堂教学发挥了较好的作用。比如北京教育科学院王凯主持的"信息化条件下北京市中小学学生学习方式变革实验研究",通过文献研究法、案例分析法和行动研究法,深入一线课堂聚焦学生的深度学习、个性化学习研究,研究认为要以"学"作为基本出发点深化学习方式变革,必须明确"学"对"教"的支配性和决定性,要在技术与教育教学深度融合下深化学习方式变革;同时要在整体设计原则下深化学习方式变革,借助技术的支持,创造灵活的学习环境和学习空间,为有不同需求的学生提供个性化学习的可能。北京市育英学校何金怀主持的"基于3S技术的中学生地理学习方式变革实验研究",结合中学生心智特点和我国中学地理教育教学实际,探索3S技术与中学地理教学内容的整合,促使学生实现中学地理的有效学习和高效学习。同时积极探索利用信息化技术,促进中学生地理学习方式的变革,并同步研究了其相应的评价方法,在中学生地理学习方式变革的同时促进中学地理教学方法改革。通过课题研究,越来越多的学生加入3S技术学习中,这在提升学生的自主学习能力、拓展学生的研究性思维等方面发挥了重要作用。

关于学生的学科素养,研究者主要以学科教学为载体,探讨不同教学模式对学生核心素养的影响作用。比如北京教育学院张莉娜在"北京市中小学生科学素养发展水平的评价研究"中,对北京市中小学生的科学素养进行系统的评价研究,通过理论分析构建了北京市中小学生科学素养及其发展的应然水平,为北京市地方课程开发及教师培训课程开发打下了研究基础;并通过实地调

研，分学科了解北京市中小学生科学素养的实然水平，勾勒其学习进阶的一般规律；结合对科学素养发展优秀案例的分析，描述了优秀教师的教学实践特点，对于促进科学教师专业发展，提高教师培训的内涵与质量有重要价值。北京市第九中学分校高飞开展的"注重原始问题教学，培养中学生基本科学素养的实践研究"，通过对原始问题教学模式的实践探索，建构了"DFKB课程——基于问题解决的方法论课程"，并结合教学实践和案例分析，提出了学生基本科学素养的评价量表和要素；同时课题创新性提出了六层阶能力专题训练的实践模式，以此为基础构建了系统提示学生学科素养的实施策略，对中学生基本科学素养的培养起到了促进作用。此外，北京市东城区史家胡同小学陈凤伟主持的"基于学习优势的小学生基本学习能力培养的策略研究"，对学生基本学习能力进行了系统的理论分析，并结合本校学生实际特点对其学习能力的结构框架进行界定和分类；同时借助权威量表对本校小学生的学习优势能力进行了全面的测评，在此基础上对影响学生学习优势的相关因素进行剖析，并结合实践教学提出了小学生基本学习能力的有效培养策略，为改进课堂教学模式、促进学生个性发展打下了良好的基础。

除了对中小学课堂教学模式的关注外，也有学者关注了高等学校和学前阶段的学生学习、教学变革等主题。比如首都经济贸易大学马力主持的"北京市属高校学生学习现状及其影响因素的调查研究"，采用定量和定性研究相结合的方法，对北京市属高校学生学习状态的特点及学习影响因素进行了实证分析，提出了影响学生学习状态的主客观因素，为北京市属高校改进课堂教学方式与学生管理模式提供了可参考的依据。尤其是论证了家庭关系在北京市属高校学生成长中的重要价值及影响机制，为家校合作提升大学生学习状态提供了有效路径。此外，北京市大地实验幼儿园邹平园长主持的"幼儿园与小学双向衔接提高幼儿入学适应性的研究"，通过对学校（幼儿园）管理者、教师、家长的调查，探索完善"幼小衔接教育一体化"管理模式，并深入开展了三轮附设于小学的"幼小衔接班"教育实践研究，研发"幼小衔接适应性活动框架"及相关活动，从而有效提升了双方管理者及教师专业成长，转变家长教育观念。研究成果在"第六届东亚儿童科学国际研讨会""京津沪渝四市区第四届教育论坛"等会议上交流，幼小衔接班先后接待过北京电视台、"中国教育网"、《现代教育报》《北京日报》《光明日报》《北京晚报》等媒体专访，接待来自全国各地的同人参观学习。

二、教育信息化研究主要成果

"十三五"期间,教育信息化研究领域共有 52 项合格结题,其中鉴定为良好及以上等级的有 16 项,占全部结题数的 30.8%。"十三五"期间,探讨信息技术与教育教学的深度融合仍然是研究者和实践者们关注的重点,在实践层面对各类新型课程建设、教学模式探究、信息技术的有效应用等的研究成果较多,在理论层面和宏观层面对教育信息化管理、教育大数据体系、在线教育等主题的研究成果较多。

(一)研究学生的在线学习行为,探究学生在线学习有效模式

随着互联网、大数据技术的快速发展,学生在线学习成为一种新的学习模式,学生在线学习的行为分析、数据模型及学习策略成为研究者们关注的重点,他们进行了大量相关研究和实践探索。比如北京师范大学教育学部杨开城教授主持的"智慧教室环境下协作学习的学习行为分析研究",以协作学习教学形式为切入点,立足真实的教学实践,通过系统分析智慧教室下的协作学习,揭示了智慧教室下协作学习的行为结构特征、运行过程机制,判定了媒体功能在协作学习中的适用性,最后以个案研究的形式提出了协作学习设计的基本技术框架。课题研究成果在《中国电化教育》《电化教育研究》《中国远程教育》等核心期刊上发表,研究成果有助于人们摆脱媒体中心论的思想束缚以及将注意力从媒体技术、孤立的行为适当转移到教学与学习的内容与过程上,并且本研究提出的协作学习活动的设计技术,有助于深化协作学习的设计研究。同时,国家开放大学魏顺平研究员主持的"基于大数据的大规模在线课程学习分析系统及应用研究",针对 MPOCs 研发学习分析系统,开展在线教学绩效评估应用研究,通过教育大数据分析,帮助管理者及时、有效评估整个在线教育机构以及辅导教师团队,帮助辅导教师及时、有效地评估学习者的学习效果,实现在线学与教的全过程监管,保障教育教学质量。课题研究也取得了丰富的成果,1 篇论文被《人大复印资料》全文转载,并获得全国成人继续教育优秀科研成果等奖项。

借助电子书包、游戏教学等方式,推进学生的学习方式变革,同步推进了教师教学方式的改革,相关研究成果也比较丰富。比如北京大学教育学院尚俊

杰主持的"基于游戏化学习的教育教学实践研究",从游戏化学习理论、游戏化学习空间、游戏化学习课程、游戏化素质评价等四个方面展开研究,在北京市小学中选择了多个实验学校进行准实验研究。并从认知神经科学上深入探究其在游戏化学科教学方面的成果,将科学实验成果引入教育教学实践,为学校重构了课程体系,并为其他学校的课程体系构建提供经验,形成了课程体系表;同时,研究成果在多个核心期刊中发表,并在全国实验学校推广研究成果,进行迭代应用和修正。同时,北京教育科学研究院旧宫实验小学孙唯主持的"基于电子书包的自主探究学习模式及实验研究",以创新自主探究学习模式为切入点,运用实验研究方法,构建信息化环境,引导学生自主建构学科知识、归纳知识规律与学习方法;通过建构满足学生自主探究学习的电子书包环境,在语文、数学、英语等学科中推进基于电子书包的自主探究学习模式实践,这对于培养学生的思维品质、提高学生解决问题的能力以及促进学校发展都起到了很好的作用。

(二)探索信息技术在教学中应用,推进教育信息化实践和能力提升

"十三五"期间,教育信息化领域的研究,仍然是以课堂教学中融合应用信息技术为主要方向,重点关注教育信息化条件下学校结构、课程体系以及教与学方式的变革研究。比如北京教育科学研究院基础教育教学研究中心赵薇主持的"北京市普通高中通用技术课堂教学策略实践研究",深入探究了通用技术教学内容的分类及特点,并以教育学基础理论为指导,以课例研究为基础,构建了通用技术课堂教学的基本模式,逐步形成教师的学科本质观、学科价值观、学科儿童观、学科知识观、学科教学观等,保证了通用技术课程的教学高水平发展,并实现了课程价值,提升了教学质量,发展了教师的专业能力,促进了学科发展。课题研究成果不仅对教育教学实践有重要的应用价值,而且具有学科建设的理论意义。

关于翻转课堂主题的研究,也有大量的理论和实践探索,对于提高教育教学质量、促进教学模式变革有重要价值。比如北京市第二十中学付用江主持的"北京二十中学翻转课堂教学实践探索与研究",立足北京新中、高考教学改革,探索了翻转课堂与分层教学的有机整合,积极开展了在翻转课堂教学模式下的分层教学实践;同时,根据具体教学实践及跟踪调查,深入探究了翻转课堂教学模式对学生自主学习能力的影响,尤其是立足极端天气停学的实际问题,探

索翻转课堂模式的本土化，积累了丰富的实践成果。通过翻转课堂的教学实践研究，学校教师高度认同翻转课堂的教学理念，教师的课堂教学行为更是有了全面的、深刻的转变，初步形成了课堂以生为本，学生为课堂主人的二十中学翻转课堂教学模式。首都师范大学教育学院乔爱玲主持的"基于翻转课堂的高校师范生教学实践能力培养模式研究"，通过文献法、比较研究法、调查法、访谈法、行动研究法等研究方法，创建了网络环境下基于师范生教学实践能力培养配套的网络学习资源，建构基于翻转课堂的、教师引领下的高校师范生教学实践能力培养模式，并结合具体课程进行教学实践，总结了具体的实施策略与方法。课题研究成果中发表了多篇 CSSCI 期刊论文，构建了基于与师范生教学实践能力培养相关课程配套的教学资源，为促进高校师范生创新培养模式与策略的积累提供理论和实践模式参考。

此外，北京教育科学研究院乐进军主持的"京版电子教材教学应用研究"，开展了电子教材与纸质教材的应用效果比较研究，实施了京版电子教材特色研究，改善了京版电子教材的教和学方式，提出了京版电子教材在学校的推进策略；同时，开展了电子教材质量提升机制的研究，从应用效果来看，受到老师和学生的一致欢迎。同时，北京市十一学校余彩芳主持的"用数据引导教师教学和学生学习行为的改变——个性化成绩单体系探索"，开展了各式各样成绩单在多个年级的分析运用，并且根据每个年级的特点进行了相应的改进和创新，以成绩单为核心的学生成绩数据分析的理念，改变了学生学习、老师教学以及老师、家长、学生之间的交流沟通等行为，对提高教育教学质量有重要作用。

第四节　教师队伍建设与学生发展研究基本进展

一、教育人才队伍建设研究

"十三五"期间，教育人才队伍建设研究领域共有 131 项合格结题，其中鉴定等级为良以上的课题共有 26 项，占全部结题数的 19.8%。

"十三五"期间，中共中央、国务院专门出台《全面深化新时代教师队伍建设改革的意见》，把教育人才队伍建设提升到一个新高度。各级各类研究人员对教育人才队伍建设的关注度也较高，既有高校学者从理论层面对教师队伍建设进行系统阐述，也有中小学校一线工作者对教师队伍建设的行动研究和实践探索。总体来看，教育人才队伍建设研究领域的成果较为丰富，产出的成果对于当前教师队伍改革建设有重要支撑作用。

（一）研究教师发展共同体建设，提升教师培养培训质量

从研究人员的主体来看，区级教师研修中心的研究课题侧重于从区域组织层面探索教师发展的共同体建设，学校层面的研究课题则是从学校组织层面探索学校教师发展的共同体建设。比如中国教育科学研究院李新翠副研究员主持的"教师学习共同体建设模式研究"，通过对小学教师专业合作现状的大规模调查，设计了教师学习共同体建设的实践方案，并在北京市三个城区、两个远郊区的中小学校开展教师学习共同体建设行动研究。在区域层面推进了科研学习共同体的建设，在学校层面推进了科研共同体建设、单元整体备课学习共同体建设、基于标准的学习共同体建设、思维型课堂学校共同体等多个学习共同体建设，对于系统推进教师专业发展有重要作用。课题组提出了以学习共同体撬动县级教师培训改革模式，也有效提升了县级教师培训专业化水平。课题研究成果《何以促进中小学教师专业合作——基于近万名教师的经验证据》在核心期刊《教育研究》中发表。

从区域教师进修学校角度，推进教师学习共同体建设，是完善区域教师研修模式、提高教师研修质量的重要举措。比如北京市海淀区教师进修学校韩巍巍主持的"实践共同体视角下的骨干教师培训模式研究——以北京市海淀区导师制研修项目为例"，全面调研了海淀区骨干教师专业发展的现状及需求，结合相关理论确定了骨干教师实践共同体的内涵、特征及应用策略，组织实施了导师制研修的实践共同体行动研究，在实践中探索导师制研修课程体系的建设，探索共同体资源共享机制，以实践共同体为原则设计骨干教师研修活动，对其中的理念、原则、方法和环节进行总结和改进。研究成果较为丰富，建立了《海淀区骨干教师专业素养标准》，制定了《海淀区骨干教师导师制研修选

拔、管理、评价方案》《海淀区骨干教师导师制研修三级课程体系》，相关研究成果获北京市第八届"京研杯"教育教学研究成果奖二等奖。

北京市通州区教师研修中心闫德胜主持的"基于区域教育科学研修活动的教师互动有效策略研究"，也是在教师发展共同体的理论指导下，开展了基于教育科学研修活动的教师互动有效策略研究，包括针对不同问题类型学员、不同研修环节的分层指导策略；并结合研修共同体建设过程中的调研，制定了区级教师有效研修互动的评价表，包括评价表互动参与广度、互动参与深度、互动参与达成度三个维度。课题研究有效提升了教育科学研修活动的质量，提升了教师参与研修活动的主动性，并有效助推了基层学校科研质量的不断提升。课题研究成果发表在多篇核心期刊上，部分成果获得了北京市区县教育科研人员学术年会优秀论文奖等。

此外，北京教育学院石景山分院李爱霞主持的"基于课题研究的教研组组织变革研究"，开展了中小学教研组组织及活动现状的调查，着重关注中小学教研组组长的角色定位，深入推进中小学教研组组织变革路径的实践探索，形成了对中小学教研组组织变革内涵、动因、影响因素及推进策略的研究成果。课题组编制了《中小学教研组课题研究指导手册》，内容涵盖了中小学教研组开展课题研究的价值理念、策略方法与经验介绍等，为广大中小学教研组教师开展课题研究提供了可操作性的指导。并且发表了相关学术成果，部分论文收录在北京市基础教育课程教材改革实验工作领导小组主编的《课程教材改革实验论文集（2013—2014 年）》中，产生了一定的影响。

（二）探索教师能力发展有效路径，助力各类教师专业成长

关注教师专业发展的研究一直以来都是学者研究的重点，"十三五"期间，该主题的研究更加侧重于教师各项能力发展，从理论探讨和实践层面对新时代教师专业能力的提升进行了系统研究。比如北京师范大学教育学部赵德成教授主持的"中小学教学领导力的诊断与提升研究"，系统编制了中小学教学领导力测评量表，并且完成了小学教学领导力评估常模的开发，提出了中小学教学领导力的改进策略。同时，相关研究者积累了丰富的教学领导力改进经验，形

成了小汤山中心小学目标管理、大兴七中课程建设等多个成功案例,应用到在校长培训实践中。课题研究产生了丰富的研究成果,其中发表 5 篇 CSSCI 期刊文章,6 篇文章被《人大复印资料》全文转载,在学术领域与实践领域形成了积极而广泛的影响。同时,北京市大兴区第七中学吴殿主持的"提升教师教学领导力的校本培训策略研究",从学校一线实践角度进行了教学领导力的探索,该研究立足学校教学教研实际,针对核心概念"教师教学领导力"的八个方面开展行动研究,并提出了每个方面的行动策略,为学校校本培训开展、促进教师专业发展提供了有效策略支撑。

北京师范大学教育学部李琼教授主持的"保持专业发展的热情和动力:北京市中小学心理韧性研究",对中国文化背景下不同学段、不同工作场域和不同专业发展阶段教师的韧性表现特征、结构维度及作用机制进行了探索。在理论上,该研究拓展了中国本土化情境下的教师韧性研究视角,丰富了中国背景下的教师心理韧性研究成果,还尝试开发具有普适性的教师韧性量表,为揭示中国教师可能存在的独特心理韧性作用机制做出了贡献。在实践上,该研究展现了真实教育环境中教师个人与学校、家庭因素的互动影响,对于如何营造教师成长的积极环境,减少教师的职业倦怠,提升教师的职业幸福感与持续专业发展的动力,提高教师质量,最终促进学生的心理韧性与发展,具有重要的政策意义。课题研究成果丰富,国际文献发表、中文专著及十七篇中文文献发表,为未来的相关理论研究和政策实施提供了实证研究的线索和依据。

北京师范大学教育学部课程与教学研究院张春莉主持的"专家教师原型观下课堂教学执行力的提升",通过文献分析、问卷调查、文本分析等方法,探索了专家教师的知识整体观及其组织方式,结合专家教师的不同类型知识和成功课例,对课堂教学实录进行编码和文本分析,为专家教师有效教学提炼出一套科学、弹性的教学处理方式,通过开展同课异构与录像观察,对教学导入行为、教学提问行为和教学反馈行为的特征展开研究。课题研究在课堂教学执行力方面进行了深入的理论和实践探索,探索出一套科学取向的教学设计方法和教师培训途径。课题研究形成结题报告并发表学术论文若干、专著一本,

第五章　教育科研热点专题研究进展

成果辐射到许多一线学校。此外，北京市教育督导与教育质量评价研究中心吕晓丽主持的"基于教师专业发展的北京市中小学骨干教师制度研究"，系统梳理了北京市中小学骨干教师的选拔制度，并通过调查分析骨干教师的培训频率、形式和内容，梳理北京市中小学骨干教师的培训制度，以及通过调研骨干教师制度目前取得的成效和存在的问题。通过理论和实践研究，结合北京的实际情况，课题研究成果为政府合理构建教师队伍、促进教师专业发展提供了依据，现状调研结果为各级政府改进中小学教师队伍建设提供了有价值的参考。

（三）关注教育人才队伍建设宏观问题，增强对教师发展的政策保障

除了对教师个体发展的关注，很多学者还关注到教育人才队伍的宏观政策研究，关注到校长的领导力、教师交流轮岗、教师发展评价等主题，对于提升对教育人才队伍发展的政策保障有重要作用。比如北京教育学院朝阳分院干部培训中心何冲主持的"基于校长专业标准的中小学校长专业化研究"，通过文献研究、调查研究等方法，结合校长专业标准，从校长专业发展的静态和动态特征两个维度对校长专业化内涵和构成要素进行研究，总结提炼了中小学干部在专业化发展中存在的问题，比如学术引领能力弱、脱离教学一线、参与专业发展活动不积极等问题。课题组针对干部专业化发展的瓶颈进行分析，探索了符合校长职业特点、符合校长专业需求、符合干部发展规律的发展路径，对于促进中小学校长专业发展有重要价值。研究成果发表了多篇论文和专著，个别成果获北京市第六届智慧教师教育教学成果奖一等奖。

关于教师队伍的资源配置、薪酬体系等内容，从政策层面保障了教师队伍建设的政策完善，为提升教育人才队伍建设质量奠定基础。比如北京市海淀区教育委员会屠永永主任主持的"北京市中高考改革对教师队伍的影响及对策研究——人力资源的视角"，通过文献研究、大数据分析及模型建构等方法，预测了中高考改革带来的初高中师资数量变化情况，并提出了有效的应对策略。课题研究对于提前储备人才，助力政策顺利实施有重要帮助，有效避免因出现大量教师缺口而导致教学无法正常进行的情况。课题研究成果对教师队伍数量的研判及应对措施，已提交海淀区教委领导审阅，为海淀区教育人才储备和教师公开招聘，提供了借

鉴和参考。同时，北京大学由由主持的"北京市高校教师相对工资水平研究"，探索我国高校教师工资水平与教师队伍规模和质量同时迅速增长的背后，是否存在着可持续性的发展机制。研究成果"大众化教育时代的中国高校教师薪酬水平"在国际教育比较学会年会上宣讲，从国际比较视角分析高校教师薪酬对高校表现的影响，发表了相关核心期刊论文。

关于教师发展的评价体系建设，也是研究者关注的重点，在指标体系建构、完善实施机制及评价改革实践等方面都有相关的成果产出。比如北外附属外国语学校林卫民校长主持的"基于校本的教师发展评价指标体系及实施机制研究"，通过文献研究、理论分析等方法，系统分析了基于校本的发展性教师评价内涵，制定了一系列符合学校实际的、易于操作的发展性教师评价考核表，并编制了《北外附校发展性教师评价手册》，教师评价及结果分析与校本化教师培训、学校改进行动、学校品质提升等工作全面连动，形成了一套较为完整的工作系统，有效地促进了学校各项事业的全面发展。同时，北京师范大学实验幼儿园黄珊主持的"提升幼儿教师评价素养的行动研究"，通过调查和观察了解学校教师发展的现状，重点从评价素养的四个维度展开，包括理解评价，运用适当评价方式，适当地解释、运用评价结果等，并且通过行动研究积极推进学校教师评价素养的提升。

此外，关于教师的交流轮岗也是重要的政策实践，比如北京师范大学教育学部叶菊艳主持的"'能量理论'视域下教师轮岗交流政策实施研究"，采用质性研究与量化研究相结合的混合研究方法，聚焦教师双向流动不同途径所带来的成效及其作用机制问题，深入探讨了"教师交流"政策脉络下教师能量的流动方式，以及教师流动意愿、能量发挥的状态受哪些因素影响等问题。项目研究共产生 1 篇 SSCI 成果，6 篇 C 刊研究成果、1 篇主流媒体文章、1 篇国际会议论文。项目研究结果为北京市乃至全国教育人才流动和教育领导发展提供了理论参照，为北京市乃至全国教师轮岗交流政策的实施提供了可靠的数据和可行的建议，部分研究结论已经投入影响朝阳区轮岗交流政策的实施中。

二、学生发展研究主要成果

"十三五"期间，学生发展研究领域共有 180 项合格结题，其中鉴定为优秀等级的有 12 项，鉴定等级为良以上的课题共有 56 项，占全部结题数的

31.1%。学生发展研究领域的成果同样较为丰富,研究者的关注热点较高,产出的成果对于各级各类学校的人才培养实践有很好的支撑作用。代表性研究成果主要集中在各级各类学生综合素质提升、人才培养体系创新、产教融合机制、质量监测体系分析、学生个性化发展等多个方面。

(一)关注学生非认知能力的培养,促进学生素质综合发展

"十三五"期间,关注学生的非认知能力培养成为新的研究热点,关于学生社会情绪发展、社会适应能力、幼儿关键经验、自主探究能力等研究课题取得了较好的成果,学校层面从不同维度推进了学生非认知能力的培养实践,形成了诸多有代表性的创新举措,对于促进学生综合素质发展起到了很好的作用。比如北京海淀区职业技术教育中心程洪莉主持的"提高职高生职业适应性能力的途径研究",通过文献研究全面了解高职学生社会适应性能力的概念、内涵,并通过调查研究掌握了职业学校学生的职业适应现状,确立"职高生职业适应性能力"培养的基本内容体系;通过对学生职业生涯规划的指导、课堂案例教学、主题班会、校企合作等行动研究,在实践中提炼出提高职高生适应性能力的有效途径,并且制定了提高职高生职业适应性能力的部分评价标准。

在学前教育阶段,培养学生非认知能力的相关研究比较丰富,也积累了大量的实践基础和典型案例,以培养儿童关键经验、能力为主题的相关研究,在"十三五"期间取得了较好的成绩。比如北京市西城区三教寺幼儿园王岚主持的"主题活动中幼儿关键经验与教师支持策略的实践研究",通过问卷调查,了解教师对"关键经验"相关概念的理解程度、主要困惑,基于关键经验相关理论的分析,初步梳理出"主题活动中幼儿发展关键经验与教师支持策略",并通过三轮行动研究,不断实践和调整研究设计的关键经验与支持策略,形成园本化的"主题活动中幼儿关键经验体系""主题活动中教师支持策略体系",最终形成关键经验视角下的园本化课程方案集。通过课题研究,有效促进了幼儿关键经验的提升和教师的专业发展,更在实践中形成了园本化行动研究的氛围。再比如,北京市顺义区幸福幼儿园张玲主持的"以幼儿自主探究能力培养为核心的幼儿园——科学区活动实践策略研究",借鉴美国学者的"基本要素分析法",研制了"幼儿自主探究能力教师观察表",并从科学区活动目标制定、内容选择、活动材料投放等策略角度,完善了以幼儿自主探究能力培养为核心的科学区活动过程指导体系。同时根据《3~6岁儿童学习与发展指南》中幼

儿科学学习的核心要求，依据幼儿科学探究的过程，梳理出生、猜、探、答科学区活动模式，对于幼儿自主探究能力的发展有显著的促进作用。

（二）研究学生发展质量的监测与评价，精准推进教育教学改革

北京市"十三五"教育科学规划指南中明确提出，加强教育质量保障体系和监测评估机制研究，聚焦立德树人根本任务的落实，研究人员也围绕该主题进行了多维度的研究设计，在学生评价、教育质量监测、学生满意度等方面取得了卓有成效的研究成果。比如北京师范大学中国基础教育质量监测协同创新中心王烨晖主持的"社会情绪学习对小学生发展的影响研究"，采用分层随机取样法调查了 7 106 名四、五年级小学生，探究社会情绪能力对学生学业成绩、情感态度以及人际关系的影响。调查结果显示，社会情绪能力不仅与学生的学业成绩有关，而且与学业情绪、态度和人际关系有关。社会情绪能力可以显著预测学生的学业成绩、学业情绪和态度、人际关系。社会情绪能力还通过学业情绪和态度以及人际关系对学业成绩产生间接影响，对相关教育教学改革实践有一定的指导价值。研究成果发表在《心理与行为研究》和 *Frontiers in Psychology* 等核心期刊上，产生了较高的学术影响力。

中央财经大学林光彬主持的"以学为本的本科教育质量评价体系研究"，采用了统计分析、比较分析和理论分析三种方法，对中央财经大学学生评教得分的信效度进行了专门分析，并全面收集了国外高校大学生评教的典型案例，通过深入的案例剖析，对照国内高校大学生评教行为，对其评教的行政化弊病进行有效分析，在此基础上提出了改进我国高校大学生评教的政策建议。以中央财经大学学生评教得分的信效度分析、国外大学学生评教典型案例剖析为基础，课题组完成了《学生评教的行政化与学术化论析》，发表于《教育研究》核心期刊，并被《中国青年报》摘编转载，引起了学界和社会公众的广泛关注。

北京理工大学周文辉主持的"基于学生满意度的北京高校研究生教育服务质量提升研究"，通过对国内外研究生教育服务质量测量理论、方法的归纳分析，构建了基于学生满意度的研究生教育服务质量评价指标体系，对北京市研究生教育满意度进行实证调查；通过数据分析，了解北京市研究生对教育服务满意度的结果，深入探讨目前研究生教育存在的问题，提出了具体可操作的政策建议，为北京市相关部门改进研究生教育管理，提升研究生教育服务质量提供了一定的借鉴。研究生满意度调查结果反馈给各个参与调查的培养单位，为

各培养单位撰写研究生满意度调查报告提供了帮助,并发表了一系列研究成果,在 CSSCI 核心期刊有多篇相关成果。

此外,中国教育科学研究院冯雅静主持的"融合教育环境中高功能自闭症儿童汉语阅读理解的干预研究",深入研究了指代线索教学策略在提升高功能自闭症儿童汉语阅读理解能力上的作用。研究成果为班中有自闭症儿童随班就读的普通语文教师的阅读教学提供直接策略指导,同时有助于教师提升自闭症儿童教学策略的有效性,进而提升教师的自我效能感;自闭症儿童综合能力的提升也将会在一定程度上减轻家长的焦虑和负担,改善家庭和学校的关系,从而对随班就读工作的开展和质量提升产生深远的影响。两篇相关研究成果发表在 CSSCI 核心期刊《中国特殊教育》上,产生了显著的学术影响。

(三)聚焦人才培养模式实验研究,探索创新性人才培养规律

关注人才培养模式创新,是各级各类教育教学改革的重点,也是研究者们课题选题的重要维度,在"十三五"研究成果中,有多个关于创新性人才培养的相关研究,并且取得了较好的理论和实践成果,对于探索创新性人才培养规律、提高人才质量有较好的支撑作用。比如清华大学教育研究院阎琨主持的"北京地区研究型大学资优本科生的学习状况和满意调查——创新型人才培养的实证研究",全面调查了研究型大学"特殊培养计划"资优学生的学习适应状况和满意度,深入了解学生对学校氛围、选拔体制、培养目标、课程设置、教材选用等方面的评价情况;同时,深入探寻了资优学生的个性特点和成长规律,研究成果为北京地区研究型大学如何为资优本科生提供符合其成长规律的本科教育提供了较好的政策建议和实践指导。课题研究成果被《新华文摘》全文转载,并且获得了北京市哲学社会科学优秀成果奖二等奖,同时有多篇文章发表在中英文核心期刊,相关作者受邀在美国教育研究总会和美国国际教育年会上做主题报告,主要观点和结论在国内与国际学界反响良好。

开展人才培养模式的实验研究、行动研究,是该领域研究的重要方法,研究者通过多种形式的实验设计和实践行动方式,进行创新性人才培养模式的典型案例分析和内在规律探索,取得了较好的研究成果。比如北京理工大学彭熙伟主持的"加强工程科技人才培养实验教学研究与实践",通过多种研究方法,深入探索工程科技人才培养的有效模式;在自动化专业实验教学改革与创新的实践基础上,加强理论探索和实践建设,以专业课程的实验教学改革为突破口,

推动教育科研高质量发展的北京实践

围绕"工程性、实践性、综合性"等主题进行了深入而系统的研究与实践,完成了各项研究任务,形成了多方面的新思路、新观点和新举措。课题研究也取得了一批理论性成果和应用性成果,相关研究成果获得北京市高等教育教学成果奖一等奖、中国自动化学会(CAA)高等教育教学成果奖一等奖,并且发表了 10 篇相关学术论文。此外,北京农业职业学院机电学院诸刚主持的"机电类专业五年制高职人才培养模式的研究与实践",以机电类专业为研究对象,探索五年制高职教育的人才培养模式;课题组通过多种研究方法,基于五年制学生特点,研究确定了机电类专业人才培养模式下的课程体系、教学考核评价体系、课程与教材建设方案、实训条件建设、师资队伍建设等内容,并通过德育素质培养方案、第二课堂讲座、学生专业社团、各种业余文化活动等形式,对学生各方面综合素质进行全方位的教育培养,从而达到提高人才培养质量的目的。

第五节 德育与可持续发展教育研究基本进展

一、传统文化教育与德育研究主要成果

"十三五"期间,传统文化教育与德育研究领域共有 64 项合格结题,其中鉴定为良好及以上等级的有 18 项,占全部结题数的 28.1%。"十三五"期间,文化教育与德育主题的研究也是被研究者们高度关注的话题,尤其是大中小学校的一体化德育工作,在理论和实践层面都有诸多的课题研究和成果产出。已有成果研究主题主要围绕着传统文化教育在学校教育中的实践、大中小学德育和心理健康等方面展开。

(一)关注优秀传统文化教育研究,培养师生优秀传统文化素养

"十三五"期间,各级各类学校积极落实传统文化进校园活动,深入探索弘扬中华民族文化与发展现代教育的理论与实践机制,相关问题成为研究者们关注的焦点,围绕传统文化教育的相关研究和实践比较丰富。比如北京师范大学任翔教授主持的"传统文化在学校教育中传播的方法与途径研究",通过研究传统文化教育基本理论,厘清了传统文化的基本概念,明确了传统文化教育

第五章　教育科研热点专题研究进展

的目标和内容，并通过总结历史与现实、国内与国外传统文化教育实践经验，探索出传统文化教育推进的途径与方法。课题组依托课题研究，从学前教育、初等教育、中等教育到高等教育，整体设计出符合青少年的认知规律同时又能满足社会各阶层需要的传统文化教育分级教材。在理论方面关于传统文化教育基本问题的探讨，发表在《教育研究》《中国教育学刊》《光明日报》等重要刊物上，破解了长期以来我国传统文化教育目标不明、内容不清的缺憾，完善了中华传统文化教育的诸多理论问题。

在传统文化教育的学校实践层面，各类中小学校也进行了相关的行动研究，提出了诸多行之有效的实践策略。比如北京市第六十五中学卜海燕校长主持的"中学世界遗产教育推进策略研究"，通过对当前学校世界遗产教育现状进行评估，依据中学教育的素质教育理念、新课程理念和中学实际情况，探讨出符合本校实际的基于优秀传统文化核心素养的中学世界遗产教育可持续发展推进策略。课题组深入研究了科学高效的中学世界遗产教育推进管理机制，以及中学世界遗产教育的有效评价方式。课题研究成果发表在多个核心期刊中，对于各类学校在推进世界遗产教育的实践方面有较大参考价值。同时，北京市东城区黑芝麻胡同小学杨毅主持的"依托首都资源开展传统文化教育策略研究"，基于学校的地域优势，开发了适合学生年龄特点的首都文化课程，通过行动研究也逐步探索出拓展首都资源，开展中华优秀传统文化教育的有效策略。课题组研发了一套学区地域资源的扑克牌，目前包含胡同资源篇、名人资源篇和建筑资源篇，受到学生们的欢迎，课题研究成果也获得了基础教育课程建设优秀成果奖等多个奖项。

此外，北京教育学院吕俐敏主持的"汉字学在小学语文教育中的应用研究：从学术形态到教育形态"，探索如何更自如地利用汉字学的读音、形体、意义、构形系统等资源，支持教师进行更加专业的识字写字教学。同时，探讨了古典诗歌学习中汉字的重要作用，以及如何借助汉字资源学习古诗文，还推进了以字为纲的综合性课程开发。在应用方面开发的成果主要是"书小童App"，该成果因为与小学教材配套，在 2020 年抗击"冠状病毒"的疫情中，被教育部列为"停课不停学"的重要资源之一，北京卫视早间新闻频道也做了官方报道，CCTV13 新闻频道的《朝闻天下》中播出"书小童 App"的使用情况，得到广泛关注。

（二）坚持育人为本和立德为先，重视大中小学德育一体化研究

统筹推进大中小学德育一体化建设，是"十三五"期间学校德育工作的重要主题，在学校的实践层面有诸多改革成果，在理论层面围绕着学校德育和思政课建设的问题也有相关研究，取得了较为丰富的理论和实践成果。比如北京景山学校郝立萍主持的"整体构建十二年一贯制学生发展性德育体系的实践研究"，以系统论观点作为思想方法，对小、初、高十二年的德育体系进行顶层架构和统整研究，探索了十二年一贯制学校德育体系的整体架构与纵向衔接问题。课题组基于学生心理特点和发展规律，构建了与之相适应的德育目标、内容、途径与方法，修订《景山学校德育序列纲要及实施细则》，并深入探索研究小、初、高一体化的学校德育工作管理模式，有效发挥了德育的整体功能。同时，北京市西城区长椿街幼儿园韩平花主持的"幼儿（3～6岁）美德发展的教育实验研究"，结合幼儿的年龄特点，探索提高幼儿美德认知水平、丰富美德认知经验的方式方法，引导、支持教师积极探索鼓励和引导幼儿美德行为习惯的适宜途径；深入探索了美德系列主题活动的开展，创设与美德教育系列主题活动相适应的主题环境，总结提出了幼儿美德行为习惯养成的家园共育方法。课题组研究成果为美德教育园本教材《习国学育美德》（儿童用书、教师用书），填补了幼儿美德教育无系统教材的空白，为有目的、有计划、系统地实施美德教育提供了可操作、可借鉴的依据。

关于大学生的德育工作，也是研究者们关注的重点，比如北京信息科技大学赵爱玲教授主持的"大学生道德领域存在的突出问题及教育治理对策实证研究——以首都10所大学为例"，具有很好的代表性。该研究采取理论分析与实证调查相结合的方法进行研究，深入探究了首都大学生道德领域存在的突出问题，以及相应的教育治理对策，侧重于在大学生个案基础上进行道德问题研究。课题从主体道德认知，同伴群体道德评价、满意度，道德规范意识、行为选择等方面进行了深入的理论分析和调查研究。研究成果聚焦于大学生道德领域存在的"诚信缺失""意志力薄弱""责任感欠缺""学习定位偏差""人际交往功利封闭失理""网络不道德行为问题"等六个方面，提出了系统的教育治理建议与对策，也发表了多篇核心期刊论文。同时，北京教育科学研究院德育研究中心秦廷国主持的"中学生社会主义核心价值观教育实效性研究"，全面分析了中学生社会主义核心价值观教育的特点和实效性内涵，并且以学校文化活动

为载体，进行了推进社会主义核心价值观具体化的理论分析，结合学校实践深入探索了中学生社会主义核心价值观教育的实效性途径。课题组专门构建社会主义核心价值观教育的评价体系，对于保障中学社会主义核心价值观教育的实效性，促进教育由他律向自律的转化有重要价值。课题成果的代表性专著《中学生社会主义核心价值观教育实效性研究》，对中学生社会主义核心价值观教育具有系统的理论和实践指导意义，提高了中学教师的理论素养和教育的实效性。

二、生态文明教育与可持续发展教育研究主要成果

"十三五"期间，生态文明教育与可持续发展教育研究领域共有 4 项合格结题，其中鉴定为良好等级的有 2 项，占全部结题数的 50.0%。关于生态文明教育与可持续发展教育的研究课题，总体上的课题申请数量和结题数量偏少，已有的课题主要是关注了可持续发展教育教师的教育能力、新市民学习需求、以生态价值观教育为重点的可持续发展教育研究等主题。比如中国教育科学研究院彭妮娅主持的"以生态价值观教育为重点的可持续发展教育研究"，通过调查研究、文献分析等方法，以生态教育的理论和内涵为基础，以我国大学生生态教育现状、中小学生生态教育现状、民众生态教育现状三个调研为支撑，结合新中国七十年生态教育政策发展历程，研究了生态教育和可持续发展教育的有效路径；提出了加强构筑大中小幼一体化的学校生态教育体系、营造全民参与、政府支持的社会生态教育的良好文化环境、建立完善的生态文明制度体系，为生态教育提供制度保障等政策建议，并且形成专著《生态教育的现状及路径——践行生态文明思想 走可持续发展之路》。

北京市东城区府学胡同小学马丁一主持的"可持续发展教育视角下基于礼文化的道德学习"，将德育作为"行为学科"来研究，通过"礼"的融入找到"礼"与"道德学习"的相通之处，突破了"礼"与"道德学习"的矛盾之处，解决德育实施的封闭性导致针对性差的问题；并且从道德学习主体——学生视角审视当下道德教育实效性问题，通过"礼"的筛选，解决德育目标超高性导致的达成度差的问题；同时，还从道德学习内容的建构角度，探索能促进学生道德学习的内容结构，解决德育内容多变性导致的稳定性差的问题。在道德学习过程中研究，何种学习方式才能够促进学生的道德发展，课题组通过"礼"

的践行，解决德育方式单调性导致的教育效果差的问题。课题组发表了一系列研究成果，有多篇核心期刊论文，产生了一定的影响。

此外，北京教育学院张学岩主持的"北京市中小学可持续发展教育教师教育能力的理论与调查研究"，通过对国内外关于教学能力研究成果的梳理，结合可持续发展教育的理论，归纳可持续发展教育的教师教育能力结构及其内涵，改善我国可持续发展教育研究在此领域研究缺失的状况。基于理论分析设计了相应的调查问卷，完成了北京市中小学可持续发展教育教师教育能力调查研究，通过对教师可持续发展意识、态度和价值观及可持续发展教育能力的分析，对教育培训机构开展可持续发展教育教师培训提出有针对性的对策建议。

同时，北京市海淀区职工大学徐文新主持的"农村城镇化中新市民学习需求分析与教育功能的研究——以海淀北部新区为例"，在教育功能的发挥目标和"新市民"的学习需求方面，增加了围绕高科技园区提供"园区服务"所需要的素质技能和"新市民"公共生活、"全面发展"素质等所引发的学习需求，体现了所针对的地域与对象的特殊性。课题组将研究的视角拓展到人力资本、社会资本、文化资本三者有机结合层面，同时兼顾了个体功能和社会功能等。课题研究在实践中不断总结，明晰研究思路、固化研究成果，将理论成果转化为实际项目，指导项目的实施、提升项目的运作水平，较好地做到了"理实互动"。该课题组在核心刊物上公开发表的 4 篇论文获得了社会的初步关注和一定的认可。

管理探索篇

第六章
北京市教育科学规划课题管理制度设计

 导　引

在建设高质量教育体系的进程中，必须充分发挥教育科研对教育改革和发展的支撑、驱动和引领作用，建立起高质量的教育科研体系。北京市认真落实中央关于教育工作的一系列重大决策部署和教育部《关于加强新时代教育科学研究工作的意见》，认真实施《北京市"十三五"期间教育科学研究规划纲要》，努力开创"开放、包容、创新、高效"的教育科研新格局。不断改进教育科研管理，有效服务首都教育高质量发展，形成了规划课题管理的北京模式。

第一节　北京市教育科学规划课题管理的理念

一、坚持正确的教育科研导向

牢记"看北京首先从政治上看"的要求，始终将坚持正确的科研导向作为科研管理工作的立足点，牢固树立"四个意识"、坚定"四个自信"，践行"两个维护"。

一是明确教育科研目标任务。将落实立德树人根本任务，巩固和发展中国特色社会主义教育理论体系，全面推进教育现代化，办好人民满意的教育，作为全部教育科研工作的服务方向与根本目标。

二是严守意识形态阵地。以习近平新时代中国特色社会主义思想武装头脑，对课题研究全过程进行意识形态审核管理，对存在意识形态问题的课题实行"一票否决"。

三是服务中央和市委重大决策。紧紧围绕中央确定的北京"四个中心"定位、京津冀协同发展战略、生态文明建设等重大决策，开展相应教育问题的研究；围绕全面推进立德树人、深化教育领域综合改革、五育并举、考试招生评价制度改革、城教融合等重大教育问题，立项推动课题研究。

二、有效对接教育改革的需求

对接教育改革发展需求，保持教育科研的定力与活力，充分发挥教育科研的支撑、驱动、引领作用。

一是坚持设置三个研究方向。"决策咨询研究"适应时代要求，支撑政府教育决策。如"加强对我国博士研究生教育规模的调控"课题成果得到国务院研究室的批示、采纳；"北京市职业教育'贯通培养试验项目'改革建议"得到市委领导同志批示。"基础理论研究"不断探索教育发展规律、深化中国特色社会主义教育理论体系。如《拔尖人才培养的国际论争和启示》等数篇研究成果被《新华文摘》全文转载；大批成果在《教育研究》等重要刊物上发表。"教育教学实践研究"关注学校特色发展与教师专业成长路径。在北京市和国家教学成果评奖中，超半数获奖者均参加过北京市规划课题。

二是根据首都教育改革发展的实际需求调整课题立项办法。对于教育改革发展中的"急、热、难、重"问题，通过"命题"方式发布课题指南，公平竞争立项研究；对于教育实践中需要持续关注、跟进研究的问题，增设"延续课题"立项；对于流标的重大课题或教育改革发展中的突发问题，增加"特别委托"的立项方式；对于有决策参考价值和实践指导价值的成果，通过编发《成果快报》更快、更好地实现成果转化。

三、调动科研群体的积极性

一是有针对性地设置课题类型。针对不同群体和需求设置六类课题，区分对待各类课题的立项标准与成果要求。如设置"校本研究课题"，限由中小学

第六章　北京市教育科学规划课题管理制度设计

校长、幼儿园园长牵头申报，开展群体研究，起到了解决学校实践问题、促进教师专业发展、构建与凝练学校文化的重要作用。

二是实现科研群体全域覆盖。北京市规划课题的研究主体不仅来自区县学校与教育机构、市属高校与科研机构，还来自部属高校与科研机构，这是我市的特点与优势。近几年北京师范大学、北京大学、清华大学、国家发改委、中国科学院、中国教育科学研究院、国家博物馆频频立项高等级课题，发挥了头雁效应，体现了首都教育科研的开放性与包容性。

三是增加奖励资助。在保留"研究资助"的同时，增加"奖励资助"，依据课题类别、结题等级确定奖励资助的标准，结题后一次性拨付。

四是破除"唯论文"评价导向。重新界定科研成果的类型，对不同类别课题执行不同的成果认定标准，实行弹性评价。如，课题研究成果得到区级以上政府部门采纳或被编入省部级教育决策参考刊物的，中小学一线教师承担的课题出版了教材、案例集、教案集的，均不再要求发表论文。

第二节　北京市规划课题管理的制度设计

一、规划课题三个研究方向的定位

北京市教育科学规划课题设置教育决策咨询研究、教育基础理论研究、教育教学实践研究三个研究方向。

教育决策咨询研究旨在通过对政府关切、民众关心的教育现象与问题的研究，破解首都教育改革与发展中的难点问题，研究时限通常为1~2年，研究成果更加突出对教育决策的实际参考价值和支撑作用。

教育基础理论研究旨在鼓励研究者对学科发展中的基本问题、交叉学科基本问题等进行选题研究，研究时限通常为3~4年，研究成果更加突出理论创新价值和学术研究水平。

教育教学实践研究旨在鼓励研究者立足教育教学实践选取现实问题开展研究，研究时限通常为3~4年，研究成果更加突出教育教学实践问题的解决和对学校发展的促进。

二、规划课题研究类型的设置

目前，北京市教育科学规划课题设置七种课题类别，分别为重大课题、优先关注课题、重点课题、校本研究专项课题、青年专项课题、延续课题和一般课题。

第一类：重大课题。重大课题着重解决首都教育改革与发展中面临的重大、急难、迫切问题，要求课题负责人具有较高的影响力、学术力、组织力，研究内容具有创新性，取得的研究成果具有较高理论价值或实践价值。重大课题的申请人严格按照年度课题指南确定的题目申请，不得更改研究题目。

第二类：优先关注课题。优先关注课题的申请人严格按照年度课题指南的题目申请，课题申请者不得更改题目。其研究选题旨在破解首都教育改革与发展中的热点、难点、重点问题，着力把握学科发展前沿和教育改革前沿，具有原创性和开拓性。

第三类：重点课题。课题申请者可根据自己的研究兴趣和研究基础，自行设计课题名称和研究内容来申请课题。

第四类：校本研究专项课题。校本研究专项课题用于资助中小学、幼儿园和中等职业学校的现任校（园）级领导主持的课题。该类课题是以学校（幼儿园）为基本单位，为解决与其实践紧密相关的现实问题，由教师群体参与的具有较高组织程度的课题。

第五类：青年专项课题。课题申请者可根据自己的研究兴趣和研究基础，自行设计课题名称和研究内容来申请课题。青年专项课题申请者（包括课题组成员）年龄不得超过 40 周岁。

第六类：延续课题。延续课题以已结题的北京市教育科学规划课题为研究基础确定选题，对原选题开展持续研究，注重研究内容的纵深性。

第七类：一般课题。一般课题须由申请人所在单位提供经费保障。高校教师不限申报指标，各区执行"给定指标、限额申报"的原则。

三、规划课题研究的经费保障

北京市教育科学规划课题以出优秀成果、出人才为目标，坚持以人为本、遵循规划、依法规范、公正合理和安全高效的原则，采取"研究资助"和"奖

第六章 北京市教育科学规划课题管理制度设计

励资助"相结合的管理方式。

规划办对重大课题、优先关注课题、重点课题、校本研究专项课题、青年专项课题、延续课题予以"研究资助"和"奖励资助"。

各类课题的"研究资助"平均额度为：重大课题 28 万元，优先关注课题 14 万元，重点课题 7 万元，校本研究专项课题 3.5 万元，青年专项课题 3.5 万元，延续课题 7 万元。

规划办统筹课题类别、鉴定等级等因素，分类别、分等级对重大课题、优先关注课题、重点课题、校本研究专项课题、青年专项课题、延续课题的结题鉴定结果进行"奖励资助"，标准如表 6-1 所示。

表 6-1 北京市教育科学规划课题结题鉴定等级及奖励资助标准

	优秀	良好/免于鉴定	合格	不合格/到期未完成
重大课题	16 万元	12 万元	8 万元	0 元
优先关注课题	8 万元	6 万元	4 万元	0 元
重点课题	4 万元	3 万元	2 万元	0 元
校本研究专项课题	2 万元	1.5 万元	1 万元	0 元
青年专项课题	2 万元	1.5 万元	1 万元	0 元
延续课题	4 万元	3 万元	2 万元	0 元

申请者须根据研究工作的实际需要，按照资助标准，进行合理的经费预算。实际资助经费额度以最终评审结果为准。一般课题全部为单位资助的规划课题，其研究经费由申请者单位负责。

四、规划课题研究的专业支持

（一）建立专家资源库

专家资源库涵盖全市 16 个区（含燕山区）、48 所高校以及科研院所的 1 012 名具有高级职称或具有正处级以上行政职务的专家，涵盖教育决策咨询研究、教育基础理论研究、教育教学实践研究三大研究方向，十大研究领域，18 个二级学科以及 14 个课程或学科方向，能有效保证在立项评审和结题鉴定中遴选到适切的专家。

（二）开展专业的培训

组织学术交流与开展科研培训是规划办的基本职能。规划办探索出较为成熟的科研培训模式。每年度举办课题申报培训会、示范开题培训、示范结题培训、教育科研方法培训等活动。疫情期间，积极探索"线上"培训方式，培训的覆盖面更广、培训效果显著。

五、三级管理机制

（一）分层级、分类别管理

北京市教育科学规划课题采用分级管理与分类管理相结合的方式。分级管理是指课题管理由市教育规划办、二级教育科研管理部门（区教育规划办、高校社科处、科研处等）、课题负责人所在单位三级进行管理；分类管理是指按照三大研究方向、六种课题类别进行管理。市规划办统一管理重大课题、优先关注课题、重点课题、校本研究专项课题、青年专项课题、延续课题；受托管理机构承担各类课题的日常管理工作，并重点承担一般课题的管理工作；课题负责人所在单位保障课题研究的正常开展。

（二）共同但有区别的管理方式

立项课题严格按照管理办法进行管理。对于不同研究方向、不同类别的课题在研究时限、研究目标、成果要求等方面有所侧重。例如，教育决策咨询研究类课题要求在1～2年内完成，研究成果更加突出对教育决策的实际参考价值和支撑作用；教育基础理论研究类课题、教育教学实践研究类课题要求在3～4年内完成，教育基础理论研究的成果更加突出理论创新价值和学术研究水平，教育教学实践研究的成果更加突出对教育教学实践问题的解决和研究的规范性。六类课题发表文章的数量、质量也有所差异，目的在于最大程度调动科研工作者的积极性，推动教育科研多出成果、出好成果。

（三）依托课题管理系统全过程管理

北京市教育科学规划课题管理系统于2012年开发完成，经过近几年的调整、完善，目前已实现全程系统申报、系统评审、系统结题鉴定，有效推进"无纸化"申报和评审目标的实现，管理效率大幅提升。

课题立项后，开题、中期检查、重要事项变更、结题鉴定等管理过程全部依托课题管理平台完成。

第六章　北京市教育科学规划课题管理制度设计

六、教育科研成果的宣传推广

规划办通过多种渠道宣传推广课题研究成果。充分利用报刊、网络等媒体，逐步建立相对稳定的成果宣传渠道；及时编印《北京市教育科学规划研究成果快报》，宣传推广对北京市教育决策有重要参考价值、对教育教学实践有重要指导意义的研究成果；充分利用北京市教育科学规划网宣传、推广课题研究成果。规划办于 2018 年 7 月启动了《北京市教育科学规划研究成果快报》的编辑工作，推动教育科研成果及时服务政府教育决策与教育教学实践。其中《深化职业教育"贯通培养试验项目"改革的建议》得到市委领导同志批示，《普通高中学业水平考试存在的问题与对策》得到市教委领导批示。

积极做好结题鉴定结果为"优秀""良好"课题在网站的宣传推广工作；积极探索理论研究与实践研究类成果的宣传推广方式；深入基层单位，了解其科研成果宣传推广的措施，谋划合作方式，建立合作机制，策划优秀科研成果推介会；制定成果宣传推广的激励措施，调动成果持有者与受托管理机构宣传推广研究成果的积极性。

第三节　规划课题管理的关键环节与举措

一、年度课题指南的制定

为落实国家和地方教育事业发展规划的要求，各地教育科研管理机构（全国及省、市教育科学规划领导小组办公室）通常会制定教育科学研究规划纲要与课题指南。高质量的课题指南能反映一定时期内教育事业发展所面临的重大理论与现实问题，回应教育事业发展的重点、难点问题，回应群众关切的重点领域与关键问题。然而，受课题指南受众面广、研究选题分散、课题类别多样、研究内容庞杂等因素制约，课题指南通常变得众口难调，"广而全"则难以突出重点，"少而精"又难以满足不同群体的需求。

北京市十分重视课题指南的引领与导向作用，并在实践中不断探索改进。2011 年度的课题指南按照重大课题与研究领域罗列课题题目；2012 年度对课题指南的形式进行了调整,增设了"优先关注课题"。重大课题列出题目并解说研究目标与研究内容,优先关注课题列出题目,其他研究领域采用描述性说明;2013年度再次对指南的形式进行调整,重大课题仅罗列题目,不再描述研究目标与研究内容,优先关注课题仍罗列题目,其他研究领域不设指南;2014、2015年度沿用2013年度的形式;2016年度对研究领域进行了调整,将11个研究领域调整为10个研究领域;2017年度再次对指南形式进行调整,优先关注课题按照十大研究领域设题,每个领域列出3~5个课题题目。经多次调整,北京市教育科学规划课题指南的形式日臻完善,为教育科研服务政府决策、服务教育基本理论发展与教育实践问题解决提供了有力保障。

制定高质量的课题指南是一项极具挑战性的工作。如何让篇幅有限的课题指南既能较为全面地揭示特定时期需要关注的问题,又能重点突出、抓住关键;既能服务政府的教育决策,又能满足公众的教育期待;既能促进教育实践问题的解决,又能促进教育理论的创新发展;既能关切教育当下,又能前瞻未来发展,是摆在指南制定者面前的一大难题。北京市制定课题指南的主要做法可以概括为以下几个方面:

(一)明确制定主体与服务对象

首先要明确"谁来制定?为谁制定?""谁来制定"解决指南的制定主体问题,"为谁制定"解决指南的服务对象问题。

教育科研管理机构是制定课题指南的决策者、执行者、组织者,是制定课题指南的主体。然而实践中却易出现主体不明的现象,如制定者扮演着"委托方"的角色,全权委托其他研究机构或研究者制定,极易导致指南"窄化""虚化"甚至"无效"。教育科研管理机构要牢记主体身份,切实履行主体责任,进而制定出高质量、高价值的指南。

以"人"为对象,课题指南主要服务于高校科研人员、科研机构研究人员与基层教育研究者(主要包括中小学校长、教师、教育管理人员、教研员等);以"事"为对象,课题指南主要服务于政府教育决策、服务于教育理论创新与发展、服务于教育教学实践问题的解决。课题指南制定过程中要牢牢树立"服务意识"与"对象意识",无论是征求选题建议、搭建指南框架,还是确定研究主题、甄别选题建议,都要服务于"人"和"事",不可偏废。

（二）按照四个"坚持"做好顶层设计

制定课题指南是一项严肃、严格、严谨的工作，要在坚持正确的价值取向的基础上做好科学的顶层设计。具体要把握以下几点：

1. 坚持正确的政治方向

要确保指南选题意识形态的正确性，要认真贯彻党的教育路线、方针、政策，贯彻执行习近平新时代中国特色社会主义思想，落实国家与首都教育事业发展规划提出的任务要求。

2. 坚持正确的研究导向

要坚持实事求是、理论联系实际的方法论，着重关注首都教育现代化进程中的重大理论问题与实践问题，关注教育领域综合改革中面临的突出问题与难点问题，关注学校教育教学实践中面临的真问题，关注学校、教师、学生发展的现实需求。要突出指南的时代性、前瞻性、针对性和导向性。

3. 坚持分类的设计思路

分类是一种化整为零、化繁为简、分别对待、各个击破的思维策略，它在人类的思维发展中起着重要的作用。鉴于课题指南会涉及课题类别、研究领域、研究方向等标准，在顶层设计时要坚持分类的设计思路搭建框架结构，准确定位每一类课题的特点与适宜人群，促进研究主题与研究主体的完美契合。

4. 坚持精准设题的方法

对于给定题目的课题类别（如重大课题、优先关注课题等），要坚持"精准设题"的方法。一方面，所选"研究主题"要精准，要切实反映区域教育改革和发展以及教育实践中急需解决的问题；另一方面，课题的"题目表达"要精准，表意要符合学术规范。

（三）执行规范严格的制定程序

要在坚持正确价值取向的基础上制定严谨的工作程序，坚持"问政于民、问需于民、问计于民"，广泛征求教育科研人员、学科专家、校长教师及管理部门的意见，做到因需设题。

一般而言，制定课题指南可考虑六个程序：第一，面向社会公开征求指南选题建议；第二，征求学科专家选题建议；第三，召开指南制定学科专家研讨会；第四，征求下级课题管理部门（区县教科所）与教育科研机构（教科院各中心所）意见；第五，征求上级教育行政部门（教委各处室）意见；第六，征求领导小组各成员意见并报领导小组组长签批。这六个环节环环相扣，能有效保证指南选题回应政府关注的教育改革发展的热点问题、回应教育理论与学科发展重点问题、回应教育教学实践突出问题。

在执行程序的过程中，制定者要做好决策、组织、甄选、分析、归纳等工作，认真对待征集的选题建议，科学分析论证其价值与意义。警惕过分依赖学科专家的选题建议，轻视一线教育工作者选题建议的倾向；还要警惕注重决策咨询类选题，轻视其他选题的倾向。

（四）研判对接重要文件

制定课题指南不是一项孤立的活动，它与诸多政策、制度、文件密切关联，并受之约束。以北京市为例，制定指南要研判《北京市中长期教育事业发展与规划纲要》（以下简称"《纲要》"）和《北京市"十三五"期间教育科学研究规划纲要》《北京市教育科学规划课题年度经费预算》等制度文件。《纲要》是纲领性文件，课题指南要以此为"纲"；《年度经费预算》规定了资助额度和立项数量，课题指南要以此为"本"。在制定课题指南时，只有重视并研判对接这些重要文件，才能"纲举目张、执本末从"，才能确保指南的选题、要点描述、题目数量等具有较强的针对性、有效性。

（五）加强过往性分析

教育科研具有一定的共通性、永恒性。一定时期、一定区域内的教育教学会面临诸多类似或共同的问题，在指南选题时应加强对过往指南、申报课题的分析利用。例如可进行以下分析：① 优质题目的特点分析。得到评审专家认可的"指南设题题目"与"自主选题题目"，其立意、表述有何特点？学科分布状况如何？② 课题流标的原因分析。重大课题、优先关注课题有哪些题目未立项？原因为何？是选题不当还是论证不佳？后续如何处理？是否有必要继续研究？③ 未立项课题的情况分析。申报但未立项课题的研究主题分布状况、申报主体情况、不能立项的原因。如此等等，都是制定课题指南时需要考量的内容。也唯有如此，课题指南才能更具针对性、指导性和前瞻性。

二、课题的申报与立项评审

（一）课题的申报

北京市教育科学规划课题主要面向北京地区的教育工作者和相关研究机

构的研究人员，课题申请人应符合以下条件：

（1）享有中华人民共和国公民权，遵守中华人民共和国宪法，拥护社会主义制度和中国共产党的领导。

（2）具有博士学位或副高级（含）以上专业技术职称。不具备博士学位或副高级（含）以上专业技术职称的申请人，须有两名高级专业技术职称的同行专家书面推荐。

（3）须真正承担和负责组织课题研究，从事实质性研究工作。

（4）申请人当年只能申请一项课题；同年申请全国教育科学规划课题的负责人不得申请北京市教育科学规划课题。

（5）正在承担全国教育科学规划课题或北京市教育科学规划课题的负责人不得申请北京市教育科学规划课题。

（6）校本研究专项课题申请人必须为中小学、幼儿园、中等职业学校的现任校（园）级领导。

（7）青年专项课题申请人和课题组成员的年龄均不得超过40周岁（以申请时间为准）。

（8）申请一般课题，须有申请人所在单位的经费保障证明。

（9）延续课题申请人应为结题后五年内的课题负责人。

（10）全日制在读研究生不得申请北京教育科学规划课题，具备申请条件的在职博士生（博士后）应在所属工作单位进行申请。

课题申报工作自年度课题指南发布之日起启动。重大课题采用文本申报；其他类别课题先在北京市教育科学规划课题管理系统（以下简称"课题管理系统"）上申请，然后进行文本申报。各区一般课题采取限额申报方式，规划办根据各区专任教师数量、立项资助课题数量和课题完成质量综合确定各区当年申报数量，各区受托管理机构依据申报数量组织本区推荐工作。受托管理机构负责审查、报送本单位的课题申请书，并承诺提供研究条件、承担课题管理职能。规划办不受理个人申报。

（二）课题立项评审

北京市教育科学规划课题采取特别委托、会议评审和网络评审的方式进行。重大课题采取会议评审或特别委托方式，其他类别课题采用网络评审和会议评审方式。

建立教育系统各学科专家资源库，动态管理专家资源。依据研究方向、研究领域和学科专业，聘请具有良好职业道德、较高学术水平的专家组成评审团队。评审专家依据北京市教育科学规划课题评审标准进行评审，评审小组经讨论提出评审意见。规划办整理、汇总、审核专家评审结果与评审意见，并报领导小组审批。领导小组对拟立项课题行使最终审批权。

经领导小组审批通过的年度拟立项课题名单将在"北京市教育科学规划网"进行公示。公示无异议后，规划办颁发立项通知书和立项证书。

三、课题的开题流程与管理

课题立项后，受托管理机构应督促课题负责人及时进行开题论证，落实研究工作。课题负责人应尽快确定课题实施方案，并在两个月内以会议形式召开开题论证会。重大课题的开题论证由规划办组织，其他类别课题的开题论证由各受托管理机构组织。课题负责人填写"北京市教育科学规划课题开题申请表"向受托管理机构提出开题申请，重大课题、优先关注课题的开题申请需报送规划办审核。

聘请相关学科领域具有良好职业道德和较高学术水平的同行专家进行开题论证，专家组成员不少于3人。重大课题、优先关注课题、重点课题、青年专项课题、延续课题开题聘请的专家组成员均须具有高级技术职称；校本课题、一般课题开题聘请的专家组成员中具有高级技术职称的不少于2人。开题专家依据课题研究内容提出建议，并填写"北京市教育科学规划课题开题专家建议表"。

开题会后，课题负责人及时将修改后的开题报告及"北京市教育科学规划课题开题专家建议表"原件扫描上传至课题管理系统。开题报告及专家建议表的原件由受托管理机构和课题负责人留存，待课题结题时装订在结题鉴定材料中统一提交（见图6-1）。

四、中期管理的流程与管理

（一）中期检查

规划办依据课题完成周期对各类课题进行中期检查，一般课题的中期检查

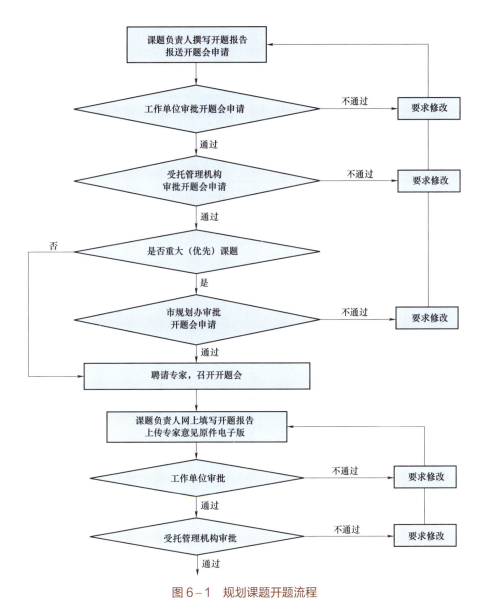

图 6-1　规划课题开题流程

由受托管理机构组织完成。规划办发布中期检查通知，重点检查课题研究的基本进度、研究中存在的问题、经费使用情况、取得的阶段成果等。中期检查的具体工作由受托管理机构完成，建议采用集中会议检查的方式。完成中期检查后在课题管理系统中填写"北京市教育科学规划课题中期检查表"，提交规划办审批。

通过中期检查的课题拨付课题"研究资助"经费，未通过中期检查的课题暂缓拨付。

（二）重要事项变更

在课题研究过程中，如需进行重要事项变更，课题负责人可登录课题管理系统填写变更申请，经所在单位、受托管理机构审批后，报规划办最终审批（见图6-2）。

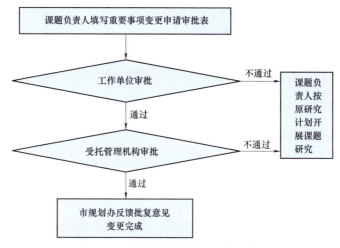

图6-2　规划课题重要事项变更流程

变更课题负责人和课题管理单位的课题须提供签字盖章后的"北京市教育科学规划课题重要事项变更申请审批表"。规划办审批后，返还"关于课题变更申请的回复"。课题负责人留存"关于课题变更申请的回复"原件，待课题结题时装订在结题鉴定材料中统一提交（见图6-3）。

研究期限自课题批准立项之日起计算，研究过程中课题负责人因故不能按时完成研究任务而需要延期的，应在预计完成时间前两个月提出延期申请，延期时间不得超过一年。一项课题只能申请一次延期。

五、结题鉴定的流程与管理

课题完成后须进行成果等级鉴定。规划办负责组织重大课题、优先关注课题、重点课题、青年专项课题、校本研究专项课题、延续课题的结题鉴定工作，受托管理机构负责组织一般课题的结题鉴定工作。

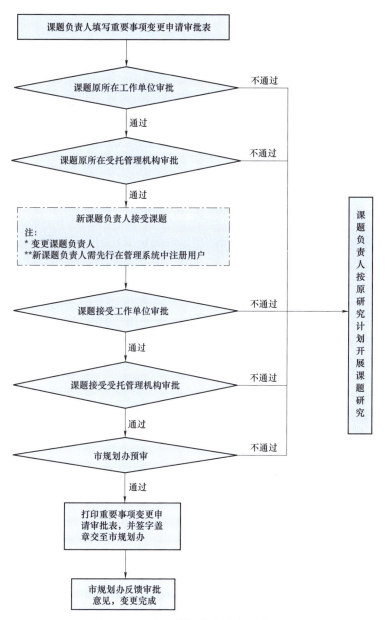

图 6-3　规划课题负责人变更流程

（一）成果等级认定

北京市教育科学规划课题结题鉴定对不同类别课题采取不同形式的成果要求。

1. A 类成果

（1）专著；

（2）编著。

2. B 类成果

（1）北京大学图书馆核心期刊及以上刊物发表论文；

（2）编入教育部《教育要情》、市委教育工委、市教委《北京教育信息（教育决策参考）》等重要内部决策参考刊物的报告或论文；

（3）北京市区级以上政府采用的政策研究报告；

（4）编入《北京市教育科学规划研究成果快报》的研究成果。

3. C 类成果

（1）出版的教材或工具书；

（2）公开发表的论文；

（3）出版的案例集或教案集；

（4）电脑软件、App 等。

（二）各类课题研究成果要求

（1）重大课题：须满足 4 项 A 类和 B 类成果，其中至少包括国家一级出版社出版的 20 万字以上专著 1 部或编著 2 部。

（2）优先关注课题：须满足 3 项 A 类或 B 类成果。

（3）重点课题、延续课题：高校及科研机构人员须满足 2 项 A 类或 B 类成果；各区教科研人员和中小学、幼儿园、中等职业学校教师须满足 1 项 A 类、B 类成果或 3 项 C 类成果。

（4）青年专项课题：高校及科研机构人员须满足 2 项 A 类或 B 类成果；各区教科研人员和中小学、幼儿园、中等职业学校教师须满足 1 项 A 类、B 类成果或 2 项 C 类成果。

（5）校本研究专项课题须满足 1 项 A 类、B 类成果或 2 项 C 类成果。

（6）一般课题须满足 1 项 A 类、B 类或 C 类成果。

(三)成果认定说明

(1)以上研究成果均可单项累计计算。

(2)课题负责人为独立作者(或第一作者)的研究成果至少1项。

(3)学位论文、博士后出站报告等不得作为课题研究成果。

(4)与研究内容无关的成果不得列入课题研究成果。

课题成果发表须独家注明北京市教育科学规划"课题类别+课题名称+课题批准号",没有注明或注明多家资助项目的成果不得列入课题鉴定成果。

(四)免于鉴定

(1)课题成果的主体部分获省部级及以上教学成果奖励或教育科学研究成果奖励。课题负责人须为第一获奖人。

(2)课题研究成果的主要结论被省部级及以上教育行政部门明确采纳。

(3)课题研究成果发表在《人民日报》《光明日报》《经济日报》《求是》《中国社会科学》《教育研究》《心理学报》等报刊,或研究成果被《新华文摘》《人大复印资料》转载。

(4)课题成果的主体部分被规划办编辑的《北京市教育科学规划研究成果快报》采用并获省部级及以上行政部门领导批复。

申请免于鉴定,应在"北京市教育科学规划课题结题鉴定申请书"中说明免于鉴定的理由,并附相关证明材料。重大课题不能申请免于鉴定。

(五)结题鉴定的流程

申请结题时,课题负责人登录课题管理系统填写结题材料。研究总报告不少于3万字,成果公报6 000~8 000字,两者均将在北京市教育科学规划网全文公开,如因保密等原因不宜公开,应注明原因。

通过审核后,课题负责人登录课题管理系统下载并打印带有水印的结题材料。按照"结题鉴定材料装订格式要求",将课题研究过程中的原件装订成册(专著、编著、教材等成果除外),由受托管理机构统一报送规划办。

一般课题须报送"结题鉴定材料"与"北京市教育科学规划课题结题鉴定意见表",规划办进行结题等级复审。

结题鉴定通常采取会议单独鉴定、会议集中鉴定的方式,经申请批准后也可采用通信鉴定、免于鉴定的方式进行。

一般课题的结题鉴定工作由受托管理机构承担。应提前将结题鉴定方式、鉴定专家名单等报规划办审核。受托管理机构不得委托课题负责人自行选择鉴定专家和组织鉴定。

（六）鉴定结果及处理

结题鉴定结果分为优秀、良好、合格、不合格四个等级。经专家鉴定不予结题但确有修改基础的课题，课题负责人在规定期限内进行修改，修改后申请二次鉴定。

鉴定专家在审读课题研究成果的基础上，对照课题申请书和开题报告的研究目标，根据北京市教育科学规划课题结题鉴定评估标准进行鉴定，填写"北京市教育科学规划课题结题鉴定意见表"，明确提出课题能否通过鉴定。课题负责人可登录课题管理系统查看结题鉴定结果和意见。

未通过鉴定，但确有修改基础的课题可暂缓结题。课题组根据专家意见认真修改，补充完善，在6个月内申请二次鉴定。逾期不申请鉴定又不说明理由者，视为放弃二次鉴定权利，鉴定等级定为"不合格"。

受托管理机构应严格执行成果鉴定程序和要求，依照鉴定评估标准组织一般课题的结题鉴定。

对鉴定结果有异议的可申请复议。申请复议时，要说明理由，并由3名以上（含3名）具有高级职称的同行专家联名提请或由受托管理机构提请，规划办可重新组织专家鉴定。同一课题只能复议一次，复议结果作为该课题的最终鉴定意见。

通过结题鉴定的课题，规划办颁发北京市教育科学规划课题结题证书（见图6-4）。

第六章　北京市教育科学规划课题管理制度设计

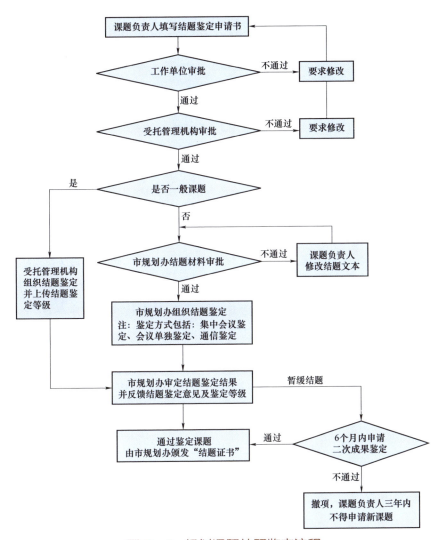

图6-4　规划课题结题鉴定流程

第七章
规划课题管理的机制与经验

 导 引

> 北京市教育科学规划课题执行"三级管理"机制。区级层面执行"市规划办—区规划办——线学校"三级管理；高校层面执行"市规划办—高校科研处—院系"三级管理。各区、各高校在北京市教育科学规划课题的日常管理中形成了各具特点的管理运行机制，有效保障了市级规划课题管理的规范性和课题研究的进展。本章将对部分区、高校的科研管理机制、措施、经验进行总结，以期为相关单位的课题管理提供借鉴参考。

第一节 部属院校的教育科研管理

"十三五"期间，在京部属院校教育科研工作者申报北京市教育科学规划课题的热情高涨，据统计有 20 余所部属院校有课题立项。其中立项数量较多的为北京师范大学、北京大学、清华大学、中国人民大学、北京理工大学、对外经济贸易大学、中央民族大学、社会科学院大学等。高校科研管理部门一方面按照《北京市教育科学规划课题管理办法》的要求进行立项课题的管理工作，另一方面基于学校自身实际执行了各具特点的教育科研管理方式，取得了良好的科研管理效果。

第七章 规划课题管理的机制与经验

一、北京大学的教育科研管理

（一）课题立项情况

"十三五"期间，北京大学共立项 7 项教育科学规划课题。其中重大课题 1 项，优先关注课题 2 项，重点课题 3 项，一般课题 1 项。各项目按照项目申报书的计划进行调研，组织学术活动、数据搜集和整理等工作研究，顺利完成立项课题的开题、中期检查与结题工作。

（二）课题管理机制

北京大学高度重视北京市社科科研及管理工作，不断改革和完善项目管理体制机制，调整科研管理思路，创新科研管理模式，合力促使科研管理工作向科学化、专业化、精细化发展。2018 年年底，社会科学部调整了各办公室职能，将项目的前中后期分流程管理，建立了申报立项、中后期（含结项）、经费入账三个单元业务"专人专岗、一岗 AB 角、各个办公室联动"的项目管理机制，为项目的组织申报、顺利执行和按期优质结项提供了保障。

教育科研管理的措施主要包括四个方面：

第一，拓宽入口，通过召开申报动员会等，全力做好项目申报组织工作。在项目申报环节，结合北京大学学科优势、北京市教育科学规划课题的要求，积极动员，2016—2020 年度共组织申报 57 项。

第二，加强项目中期服务与监督。立项后，为保障项目进展，认真组织年度检查，了解每个项目的进度，确保项目有序执行，经费合理使用。

第三，认真组织结项鉴定工作。梳理和规范鉴定程序，客观准确归纳鉴定意见，敦促项目负责人按期结项，在保证研究质量的前提下加快研究进度。严格遵循北京市教育科学规划课题的各项管理规定，在中检、结项等环节把好关，同时针对老师个性化的问题与需求，提出针对性的解决方案，尊重学者研究的自由性，力争多出精品成果。

第四，提供各种报送途径给项目负责人，在促进项目相关研究成果为北京市教育事业发展服务的同时，依托北京大学文理医工综合学科实力雄厚的优势，以首都高端智库为抓手，紧密贴合北京市实际，组织专家学者积极参加市里组织的调研，并撰写相关研究报告，为首都教育事业建言献策，贡献力量。

二、北京师范大学的教育科研管理

（一）课题立项与成果情况

"十三五"期间，北京师范大学共立项83项，位居各单位之首。其中，2016年立项数为13项，包含优先关注课题2项，重点课题8项，青年专项课题3项；2017年立项数为23项，包含优先关注课题9项，重点课题12项，青年专项课题2项；2018年立项数为16项，其中优先关注课题4项，重点课题9项，青年专项课题3项；2019年立项数为12项，其中优先关注课题6项，重点课题4项，青年专项课题2项；2020年立项数为19项，其中优先关注课题7项，重点课题9项，青年专项课题2项，一般课题1项。

多项优先关注课题的研究成果获得国家、省市领导人批示，如薛二勇教授的两篇政策咨询报告，经民进中央递交全国政协，形成了政协提案《关于京津冀职业教育资源相互开放的提案》和《关于修订〈职业教育法〉完善校企合作制度的提案》。周海涛教授的两篇政策咨询报告，《推动高职扩招百万平稳落地应尽快解决五大重点问题》，获国务院副总理孙春兰同志重要批示，为推进民办高等职业教育改革发展提供重要参考价值；向教育部发展规划司提交《加快推进独立学院规范发展》报告，对推进独立学院规范管理工作提供了重要参考。李廷洲教授的咨询报告《新形势下进一步深化我国中小学教师职称制度改革的建议》提交教育部党组和上海市政府，获得上海市副市长翁铁慧的批示等。

（二）课题管理措施

"十三五"期间，北京师范大学着力发挥学科优势，积极服务北京"四个中心"建设，积极承担北京市教育科学规划研究任务，努力提出高质量的解决方案，推动北京教育科研水准提升和教育事业发展。

第一，推进科研"放管服"改革，激发教师科研活力。深刻领会国家相关改革精神，立足"放管服"改革的基本要求，结合学校实际对科研管理工作中的相关问题，修订、制定科研管理多个文件，出台了项目分立和认定等重要改革举措，进一步激发科研人员从事原创性研究的积极性，增强科研人员获得感，充分发挥科研工作的育人效力。

第二，优化科研平台布局建设，支撑科研工作开展。着力加强高端教育科研平台建设，教育科研领域拥有1个国家高端智库，1个"2011"协同创新中心，2个教育部人文社科重点研究基地，1个教育部教育信息化战略研究基地，1个教育部区域与国别培育基地，1个北京市哲学社会科学重点研究基地等。层次清晰的平台体系成为教育科研开展的坚实基石。

第三，深化管理体制机制改革，完善科研管理体系。深入推进评价方式改革，强化分类管理，落实科研管理自主权，简化签批手续，加强诚信建设，在切实解决教师"报销难、报销繁"等问题上加大改革力度。推进管理体系改革，合并社科处、科技处等部门的职能，组建了科研院，促进文理交叉，推动产学研用一体化，进一步提升了科研综合服务能力。

三、北京理工大学的教育科研管理

（一）课题立项情况

"十三五"规划期间，学校共立项课题11项。其中，重大课题1项，优先关注课题3项，重点课题3项，一般课题2项，青年专项2项。

（二）课题管理的措施

第一，创新工作机制，提升管服水平。"十三五"规划期间，学校高度重视文科发展，科学技术研究院作为科研管理部门，紧紧围绕学校"双一流"建设目标，积极落实各项指标，不断创新管理机制，建立起"学校、科学技术研究院、学院、个人/团队"四位一体的联动机制，携手打造北理精品文科。

第二，加强政策宣讲，调动申报积极性。项目申报工作提前部署，校内组织动员会，精细讲解项目申报、评审、中期检查、结项等全过程要点，结合学校相关政策制定、学院指标要求，增加项目因素的权重，通过政策联动，鼓励教师承担项目，开展科学研究。与各学院形成了良好的协作机制，积极邀请校外专家申报讲座，进行了多轮辅导、修改，使申请书的质量得到大幅提升。

第三，进一步加强项目的过程管理。按照系统性思路开展工作，在申报动员、选题策划、申请书指导、申报审核、评审动态跟踪等环节做了一系列工作。不断规范管理、优化服务，加强对文科教师科研的"量身定制式"服务，努力提升获批北京市教育科学规划课题项目数和项目层次，加强未能按时结题项目的结题工作、推动优秀项目产出高水平成果。

推动教育科研高质量发展的北京实践

第二节 市属院校的教育科研管理

"十三五"期间,承担北京市教育科学规划课题的市属院校有50余所,其中立项数量较多的为首都师范大学、北京联合大学、北京科技大学、北京工业大学、首都医科大学等。各高校在管理北京市教育科学规划课题方面形成了各具特点的管理措施与方法,有效促进了立项课题的顺利推进,取得了预期的管理与研究成效。

一、首都师范大学的教育科研管理

(一)课题立项情况

"十三五"期间,首都师范大学共立项北京教育科学规划课题23项。其中,优先关注课题5项,重点课题10项,青年专项课题7项,一般课题1项。

(二)课题管理措施

"十三五"期间,首都师范大学围绕学校"双一流"建设和首都发展需要,进一步明确哲学社会科学基础研究、成果转化和社会服务协调发展的理念,从科研体制创新入手,改革管理机制,更新管理条例,为推进学校哲学社会科学研究的新发展创造条件。

在项目管理方面,按照项目级别实行专人负责、层次管理、及时监控的管理模式,追踪项目进展,保证项目顺利实施。

在项目经费管理方面,自2016年下半年起,对新立项课题实施预算管控,保证项目经费科学、合理地按预算支出,提高经费使用效益。

在科研团队建设方面,注重青年学术骨干的培养,出台《首都师范大学青年科研团队建设办法》,以项目资助为抓手,培养优秀青年学术带头人和优秀科研团队。

在制度建设方面,围绕科研项目管理、成果管理、经费管理及机构管理出台了一系列文件,使科研管理工作的各个方面有章可循,依章办事,有效规避了管理过程中的争议。

在信息化建设方面,不断改进科研管理系统,所有项目均在系统中录入,包含项目过程中的经费结转、成果统计等，将 CSSCI 期刊名录、权威核心期刊及北大核心期刊目录都录入系统中，便于统计结题审核项目的成果类型与级别，极大地提高了工作效率。

二、北京联合大学的教育科研管理

（一）课题立项情况

"十三五"期间，北京联合大学共获批北京市教育科学规划课题 30 项，其中优先关注课题 3 项，重点课题 3 项，青年专项课题 5 项，一般课题 19 项。

（二）课题管理措施

第一，完善管理模式和机制。课题管理执行学校、二级单位（院系）和项目负责人三级管理模式，形成了"统一管理、协同合作、责任明确"的管理机制。

校教务处是学校教育科研课题管理部门，对学校各级各类教育科学研究项目进行归口管理。负责项目的组织申报及推荐，指导和协助研究人员编制申请书；负责申报书的审核；对项目进展进行监督检查；组织中期检查和北京市规划课题一般课题的结题验收；审核结题报告书，提交上级部门审核等工作。

校财务处负责项目经费的财务管理和会计核算，参与编制项目经费预算，审查项目决算，监督、指导项目负责人规范使用研究经费。

院系所是课题的基本管理单位，负责教育科学及教学改革研究项目申报的组织、指导、初审，实施过程的组织管理，条件保障，协助学校对项目进展、成果及经费使用情况进行检查。

第二，完善管理制度和激励机制。学校不断完善教研项目和教研成果认定办法，鼓励教师积极开展教育科学的研究与实践。学校制定了《北京联合大学教育教学奖励办法》（京联教〔2018〕5 号），对已鉴定结题的市级及以上教育科学规划类课题，给予最高 5 万元、最低 1 万元的奖励；制定了《教育科学及教学改革研究项目管理办法》（京联教〔2018〕48 号），规定教学项目认定与科研项目认定同等级别；制定了《教育科学及教学改革研究项目补充管理规定》（京联教〔2020〕3 号），大大提高了教师开展教学研究的积极性。学校设立校级教育科学研究课题，作为全国、北京市教育科学规划课题的培育项目，为每个立项项目提供 2 万元的经费支持。

三、北京工业大学的教育科研管理

（一）课题立项情况

"十三五"期间，学校共立项北京市教育科学规划课题 10 项，其中优先关注课题 2 项、重点课题 3 项，青年专项课题 5 项。

（二）课题管理措施

第一，制定相关管理办法。学校通过会议、网络、新闻报道、座谈、研讨等多种渠道认真领会办法的相关精神，扎实推进政策落到实处，切实服务于广大科研人员。目前已依据要求出台或修订了一系列相关管理办法，包括学校制定的文件 6 个，部门制定的文件 2 个。学校制定的这些文件，激励了教师们做科研的积极性。

第二，对申报的项目进行意识形态把关。为了严把人文、社会科学科研项目意识形态关，会同学校宣传部一起讨论并实施了在人文、社会科学科研项目申报过程中项目申报人必须提供"哲学社会科学科研承诺书"的制度。"哲学社会科学科研承诺书"中项目申报人对申报的项目承诺没有意识形态问题，其所在二级机构党委对申报书进行审核并盖章才能上报至校科发院。这从源头上杜绝了意识形态问题。

第三，建立内部防控机制。学校科发院、财务处、人事处、国资处、审计处、信息中心、国际交流处等相关业务部门就科研项目管理过程中可能出现的问题进行了防控，一是加强顶层设计和内控建设，出台一系列内部管理办法，保证各业务主管部门间的衔接及把关。二是学校加强政策宣传和执行指导，通过会议、内网、邮件、微信等多种方式宣讲、培训相关政策和要点。使广大科研工作者了解了科研财务报销的流程。通过内部防控机制的建立，对项目管理起到了规范和协调作用，大大提高了项目的完成度和结项率，截至今天北京工业大学教师承担的纵向科研项目没有一项被上级项目主管单位做出撤项处理。

第四，在科技工作考核中加大人文社会科学科研项目的倾斜力度。为进一步提高教师们从事人文、社会科学科研项目的积极性，在学校下发的科技工作考核指标体系核算办法中对科研项目进行了分类测算。财政部门对科研项目按项目类别（理工、人文社科）、级别（国家级、其他级）和到校经费数统筹考虑，加强了向人文、社会科学研究项目倾斜的力度。比如，理工基础类研究项目的权重为 1.5，而人文、社会科学基础类研究项目的权重为 7；理工应用类项目的权重为 1，而人文、社会科学应用类项目的权重为 4.5。

四、北京建筑大学的教育科研管理

（一）课题立项情况

"十三五"期间，北京建筑大学共立项北京市教育科学规划课题 17 项。2017 年获批 3 项，包括 1 项青年专项课题和 2 项一般课题。2019 年获批 7 项北京市教育规划课题，包括 1 重点课题、1 项青年专项课题和 5 项一般课题。2020 年共立项 7 项一般课题。

（二）课题管理措施

第一，对北京市教育科学规划课题的管理实行学校、学院（部）、课题负责人的三级管理。教务处代表学校统一对外，负责北京市教育科学规划课题的组织、申报、管理和监督。学校相关职能部门，包括财务、资产、档案、纪检监察和审计等部门分工负责、协同合作。学院（部）负责组织本单位北京市教育科学规划课题的实施，为课题的顺利开展提供人力、物力、时间等条件保障，与教务处共同协调、解决项目实施过程中出现的有关问题。课题负责人为课题的直接责任人，全面负责其承担课题的申报、实施、经费支出以及结题验收等具体环节的工作。

第二，精细管理，实现课题管理的规范化、科学化、制度化。

（1）加强组织建设，强化学校课题管理力度。北京建筑大学对北京市教育科学规划课题的管理实行三级管理，由教务处统筹管理，构建管理网络，形成"教务处—各学院（部）—课题负责人"自上而下的一体化运行模式。

（2）建立动力机制，提升学校对北京市教育科学规划课题研究的支持力与执行力。从学校层面来说，教务处将省部级教研课题的立项和完成情况纳入年度工作规划，年初制订在计划里，年终反映在总结中，形成工作惯例。从教师层面来说，把承担课题研究作为教师考核的硬性指标，将教研课题与职称评定、教师奖励挂钩，并且加大评定、奖惩力度，以此激励教师的教研工作。

五、北京开放大学的教育科研管理

（一）课题立项情况

"十三五"规划期间，学校共获批立项课题 14 项，其中优先关注课题 1 项、重点课题 3 项、青年专项课题 1 项、一般课题 9 项。

（二）课题管理措施

第一，逐步规范项目管理工作流程，提升项目管理效率和水平。严格落实市教育科学规划领导小组办公室关于项目申报、中期检查等工作要求，确保按时完成、材料齐备、质量过关。不断完善校内科研管理工作制度，按流程要求划拨管理经费，对项目延期、事项变更、经费使用等进行严格审核，确保管理工作规范有序。

第二，持续加大对市教育科学规划课题的宣传和支持力度。及时发布项目申报通知，利用科研讲座等时机在校内广泛介绍项目基本情况和申报工作要点，在学校官网发布获批立项喜报，不断提高市教育科学规划课题在校内的影响力和认知度，立项数量明显提升。同步对研究经费较少和无经费的项目给予配套经费，支持项目负责人做深入研究，多出高水平成果。

第三节　教育科研机构的教育科研管理

一、中国教育科学研究院的教育科研管理

（一）课题立项情况

在"十三五"期间，中国教育科学研究院共承担市级规划课题 21 项，其中优先关注课题 16 项，重点课题 1 项；青年专项课题 4 项。

（二）课题管理措施

1. 加强科研管理制度建设。2019 年进行了各项制度的修订工作，印发了《科研项目管理办法》（中教研院〔2019〕138 号），对各级各类项目从类别划分、项目申报、立项与开题、中期管理、结项鉴定、延期与撤项、成果发布、科研诚信等方面做了明确规定。印发《成果奖励办法》（中教研院〔2019〕140

第七章 规划课题管理的机制与经验

号），对科研项目的获批及按期结项进行奖励，提高院内科研人员申报各级各类重大课题申报的积极性。

2. 加强科研项目管理与指导。按照北京市规划办要求，及时组织包括选题征集、项目申报、中期检查、结项鉴定等工作的开展，及时为科研人员答疑解惑，提供支持，并对科研人员的课题成果进行开展宣传工作，加强成果转化。

3. 加强科研诚信建设。建立内部监督机制，各部门明确职责权限，规定监督程序及要求，加强内部控制，建立常态化的自查自纠机制，坚守法纪底线，杜绝学术不端行为。

4. 加强成果宣传，促进成果转化。鼓励多部门开设了"中国教科院""中教科研"等微信订阅号，通过新媒体平台提升成果发布的效率，进一步扩大成果的宣传范围。通过平台互动，更多地接触一线教育声音，了解真实教育需求，将最新的教育经验传播给更多教育工作者。

二、北京教育科学研究院的教育科研管理

（一）课题立项情况

"十三五"期间，北京教育科学研究院共承担市级规划课题64项，其中重大课题2项，优先关注课题22项，重点课题15项，青年课题8项，一般课题17项。

（二）课题管理措施

1. 注重提高课题申报质量。为提高申报质量，科合处邀请教育领域专家对申报者进行一对一的指导；组织研究经验丰富的研究人员以讲座的形式分享申报经验；课题管理人员针对申报中程序性、形式上的问题进行辅导解答。

2. 加强课题过程管理。市级规划课题以系统管理方式为主。科管处加强过程管理，在开题、中期检查和变更、结题督促等工作中，科合处与课题负责人及时一对一沟通，发现问题并督促改正。

3. 做到人性化课题管理。科研管理部门将服务理念内化到每一项具体的工作。审核课题结题材料时，对研究报告、成果公报、阶段成果、成果转化证明材料和经费使用情况等方面进行全面严格的审查，有问题及时告知课题负责人进行修改。对课题已达免鉴要求的，也让课题负责人知晓情况，并做出鉴定选择。

4. 加强制度建设。北京教科院管理各级各类课题时,主要依据上一级课题主管单位的管理办法。科合处不断研究和学习各项管理办法内容,并将各类课题的管理制度编辑成册,让研究人员能够时时找到制度依据,保障课题正常实施。

三、北京教育学院的教育科研管理

(一)课题立项情况

"十三五"期间,北京教育学院共承担市级规划课题 31 项,其中重大课题 1 项,优先关注课题 4 项,重点课题 9 项,青年课题 7 项,一般课题 10 项。

(二)课题管理措施

1. 严格规范,推进科研项目全过程管理。建立"科研处—二级学院及部门—项目负责人"三级管理制度,科研处统筹管理学院各项科研工作,各岗位工作人员分工明确;各二级学院及部门设有主管科研工作领导和科研管理岗位人员,负责与科研处对接并管理本部门承担各项科研项目;项目负责人组织项目组成员开展项目研究并做好档案归档等工作。推进科研管理岗教师管理能力建设,组织科研管理岗人员工作情况调研与培训,优化科研管理岗教师科研管理能力。建立学院及各部门科研管理台账,定期核查科研项目经费执行进度,严格按照各级各类相关文件规定,按时报送中期检查、变更申请、结题验收等材料,严格规范实施科研项目全过程管理,保障按质按时完成研究。

2. 夯实基础,完善科研管理机制。不断提高科研管理制度的科学化、规范化和程序化水平。"十三五"时期在原有科研制度体系基础上,深入研究国家及北京市主管部门的政策要求、在其他高校特别是市属高校的科研政策的基础上,结合大量文献材料,修订《北京教育学院科研成果奖励办法》《北京教育学院优秀科研成果评选与奖励办法》《北京教育学院科研经费管理办法》等制度文件,进一步规范科研管理机制,夯实了科研管理与业务开展的制度基础。

3. 优质服务,高效有序组织科研指导。秉持优质服务,专业支持的原则,在"十三五"期间组织完成各级各类课题申报工作,为有效提升教师课题申报书撰写质量和立项数量,邀请专业领域内的知名专家针对每位申报者的研究选题和申报书进行个性化指导。认真做好各类课题的全过程管理,分批次组织不同类别、级别课题的开题、中期检查和结题活动;为科研人员搭建学习交流平台。结合学院办学特点与发展定位，聚焦教师科研能力的优势与短板，定期组织科研能力提升专题培训报告，全面提升教师的科研能力。

4. 注重实效，助力课题研究成果的实践转化应用。北京教育学院注重发挥研训一体、研训融合的优势，密切课题研究与教学实践的关系。通过定期组织课题研究成果交流研讨会、编写《科研快报》、举办优秀科研成果发布会、依托学院微信公众号进行课题研究成果推介等形式，搭建多元化交流研讨平台，探讨课题研究成果的实践转化。

第四节　首都功能核心区的教育科研管理

一、东城区的教育科研管理

（一）课题立项情况

"十三五"规划期间，东城区共立项北京市教育科学规划课题133项，其中优先关注课题3项，重点课题3项，校本研究专项课题9项，单位资助校本研究专项课题6项，青年专项课题7项，一般课题105项。

（二）课题管理措施

第一，实行定向联系人制度，实现全过程管理。东城区执行定向联系人制度，由东城区教育科学规划领导小组办公室为每项市规立项课题确定专责教科研联系人。坚持全程管理原则，即由教科研联系专人作为市规课题的常态化管理主体，承担对联系校市规课题的申报、开题、中期、结题、推广的全程全面管理主责。坚持需求导向原则，即由专责教科研联系人把握并激发联系校市规课题研究需求，进行多元多样的对接服务。

第二，实行有效的激励机制和共享机制。为确保市规课题研究取得务实成效，东城区执行课题研究激励机制，即由区规划办对各项市规课题阶段成果进行评定，中期研讨活动及课题中期报告是奖励的重要依据，此外，在"十三五"末期，还将进行涵盖市规课题在内的东城区教育科学研究优秀成果评选。课题研究共享机制落位于市规课题中期研讨活动、市规课题成果公开报告会、区域教育科学研究成果的表彰推广活动之中。

二、西城区的教育科研管理

（一）课题立项情况

"十三五"期间，西城区共承担市级规划课题122项，其中重点课题12项，校本研究专项课题16项，青年专项课题12项，一般课题82项。

（二）课题管理措施

第一，管理过程中做到三个关注：关注需求，提供机会；关注困难，提供支持；关注成果，提供平台。西城区科研管理始终坚持管理的核心价值——激活人，发挥人的主动性，坚持方向性、实践性、创新性、规范性原则。在课题申报方面，西城区采取逐级申报制度，只有承担过西城区校本专项、教师专项或区教委委托课题、重点课题或北京市规划办立项课题的负责人可以申报。这一机制的设立是为了突出课题研究的"真"和"实"，不盲目追求课题研究的级别和数量，希望没有课题研究经验的教师能先从区级教师专项课题入手，研究自己身边的"小问题""真问题"，学习组建研究队伍，促进自身和研究团队的专业发展；具备一定课题研究经验的教师再申请市级课题，从而可以保证市级课题研究的质量，避免课题流失和"单枪匹马"做课题的现象。

第二，充分发挥学校科研室、课题组长的作用，打造研究共同体。学校课题研究的本质是促进学校教育教学工作的持续改进，而善用团队力量，依托课题建设一个研究共同体，将有助于提升课题研究的质量和水平，同时也能创设良好的团队氛围，进一步改善教育教学工作。

第三，充分发挥骨干教师的科研先导和示范作用，重点建设两支科研骨干教师队伍。西城区的课题管理主要依托课题负责人和科研室主任这两支队伍。学校科研室是学校教育科研的具体策划者、组织实施者、引领者和管理者。作为区科管中心与课题负责人之间的桥梁，他们能够起到科研引领、管理、指导和服务四大功能。目前，主要通过定期召开会议、开展培训和科研管理工作考核、评优来建设这支队伍。此外，还设立北师大附属实验中学和黄城根小学两所学校作为"教育科研管理培训基地"，为校级科研管理人员的学习与培训提供支持。

针对课题负责人这支队伍建设，除了开展常规的开题、中期、结题等培训

第七章 规划课题管理的机制与经验

活动外，主要通过开设科研骨干高级研修班和骨干教师研究工作室两种形式来重点建设科研骨干队伍。为了帮助教师更好地完成课题研究，提高教师专业素养，区科管中心每年面向新立项课题负责人都会组织一期科研骨干高级研修班。理论模块主要委托北师大、华东师大、首师大、北京教育学院等高校，而实践层面，则采用工作坊研修的形式，由科管中心的教师负责分组交流、研讨、实践、反思。骨干教师研究工作室则是采取自动申报的形式，由骨干教师牵头，区里重点扶持一些在研的课题或项目，在开展研究、形成研究成果的过程中，用工作室的形式建设一些研究团队。

第五节 城市功能拓展区的教育科研管理

一、海淀区的教育科研管理

（一）课题立项情况

海淀区"十三五"期间市级课题共立项 230 项，其中，优先关注课 2 项，重点课题 23 项，青年专项课题 24 项，校本研究专项课题 19 项，一般课题 162 项。

（二）教育科研管理措施

第一，科研管理规范化——制度·流程·标准。在课题各个环节中，以明确的管理办法、清晰的操作流程、可行的评价标准来规范课题管理的各种流程。所有人均按照规定办事，按照流程办事，按照标准评定，避免了管理中的内耗，大大提高了管理效率。此外，区规划办倡导学校规划管理课题研究，有整体的设计，比如育新学校的《教育科研管理条例》《课题经费管理要求》《科研成果认定与评价的建议》。北航附小的《课题研究手册》，包括"成员名单及分工表""研究计划表""课题例会记录表""理论学习记录表""研讨课记录表""集体备课记录表""中期小结表""子课题结题评审表"等。

第二，科研资源统筹化——跟进·专家·平台。区规划办针对一般课题的管理日渐规范。从开题、中检到结题，针对一般课题的管理均以会议形式进行，重要节点的把关不松懈。每一次重要节点会议均邀请合适的专家予以点评和指导,确保课题负责人能够真正受益。在后续一般课题管理中,区规划办计划采用区级平台,可以追踪各个关键节点中间的环节,由系统来提醒课题负责人开题、中检、结题三个重要节点。

不少学校也有自己的专家团队,并定期或不定期到校指导。比如人大附小的专家团队每月下校时间固定,课题负责人可以提前制定并发布课题组活动任务及要求,无论是专家还是课题组成员,都有明确的目标,便于提前准备、充分交流、提高实效,形成了活动前有方案、活动中有记录、活动后有阶段要求的课题推进模式。

专家指导是教师研究能力和专业素养提升的捷径,有些学校非常注重专家一对一指导。比如育英学校为每一项课题聘请了专家。在课题立项后,将每一项开题报告预先呈送到专家手中,请专家逐字阅读并指出问题所在,然后安排课题组与专家会面,进行面对面指导。后续的研究过程也采取了这样的方式。实践证明,专家一对一的指导为课题组研究提供了个性化的"贴身服务",是满足课题组切身需求的指导,是基于课题组问题解决的指导方式。

第三,科研服务个性化——阶段·培训·指导。在各个重要节点,区—校均会安排相应的培训工作,以专家讲座、科研人员培训的形式为主,比如"如何开题""如何中检""如何结题""如何做好课题申报工作""如何做好课题过程管理工作"等,采用线上、线下的方式进行培训,同时通过微信群来进行日常化的指导。

根据对学校的调研,我们发现:基于教师解决问题需要的培训是最具实效的培训。比如育英学校在整个课题研究过程中,尽可能地减少按常规流程安排的集体培训,而是在课题组教师遇到问题后采取了针对问题本身的问题解决的培训。例如,初中数学课题组在开题后发现预想的研究内容在实践过程中有较大的难度,不知如何把握,学校就替他们请来专家,与课题组一起分析、研究。音乐课题组需要了解更多的研究方法,学校课程院就专门为他们进行了讲述。历史课题组提出"问题串"教学的需求,学校课程院就为他们做了"问题连续体"的说明……这种小桥流水般的、沁入人心的、因课题而异的、因问题解决而生的"研训一体"化活动,从理论和实践层面为课题研究教师注入了新的发展力量。

第四，倡导常规工作课题化。一线课题研究的课题来源于日常工作中遇到的具体问题，我们在管理过程中会营造一种导向，即倡导对常规工作进行理性思考，结合专业阅读，从而提炼出课题，让科研成为解决一线问题的有效途径，也成为教师工作从经验化转向理论化的重要方法。

第五，倡导建立多项激励机制。有些学校将教师开展课题情况纳入年度绩效考核指标；有些学校设立奖励基金，如"清华附中教育教学研究基金"；有些学校通过召开科研年会的形式来展示科研成果，搭建交流研讨的平台。如海淀实验小学，面对改革的需要，形成了科研年会制度，年会的主题都是每年教育教学的关键内容，这些主题使教师的教育教学改进有了方向，通过研究课展示、主题研讨、基本功展示等多种形式形成了富有实验特色的教科研年会。教科研年会一改报告交流的单一形式，将课堂实践、群体探讨、组际交流、主题汇报等融为一体，使每位教师都能够参与其中，发挥作用，将科研渗透于每个层面和阶段，使每个人都能感触到科研的温度和力量。也正因为年会制度的跟进，都会有相应的成果出现，研究成果的应用及外延正是科研制度开放创新的结果。

二、朝阳区的教育科研管理

（一）课题立项情况

"十三五"期间，朝阳区共获批北京市教育科学规划课题 189 项，其中优先关注课题 1 项，重点课题 5 项，青年专项课题 14 项，校本研究专项课题 25 项，一般课题 144 项。

（二）课题管理措施

第一，构建两大科研管理机制。一是面向学校的教科研工作机制。落实信息、团队、资源三项服务，推进三类引领，分别是：课题研究、成果培育、校本教科研的路径引领；课题研究、成果评审、优秀学校的标准引领；研究报告反馈、优秀成果推广、学习科学推广的学术引领，充分发挥科研员作为一线干部教师学术成长的陪伴者、服务者、支持者、观察者、聚合者、评估者六大作用。二是"三个基于"的四级团队合作共同体机制。基于问题、基于需求、基于前沿，聚焦教师科研素养和干部科研管理素养提升，围绕教师开展课题研究的步骤和方法、科研干部开展科研管理的问题和路径，开展覆盖全区和各片区的"1+1"系列科研课程化培训,形成教师—学校—区域—高端资源联动的教研合作共同体机制。做到了四个结合,分别是:教育科研与校情相结合;教育科研与教研相结合;教育科研与教师专业发展相结合;教育科研与学校办学特色相结合。这种做法加强了教育科研规范化管理,加强了课题组建设以及教师科研能力培养。

第二,建立规划课题追踪服务体系。朝阳区将 496 项区级规划课题和 189 项市规划课题以学区为单位分到每一位科研员,利用《课题追踪服务手册》,进行追踪服务,追踪服务内容包括开题、中期、结题情况及过程性研究与管理,每学年对科研员的工作进行评估考核。

第三,开展课程化科研培训助力教师课题研究。首先,基于问题、基于需求、基于前沿确立九项科研主题,分别是:课题研究完整流程及注意事项、教育科研如何选题、如何占有与使用文献、如何撰写指向成功的课题申报书、如何组织课题开题、如何根据研究设计开展课题研究、如何组织课题中期检查、如何根据中期检查完善课题研究、如何进行研究总结和课题总结。其次,通过自主申报、任务分配等方式通过全区线上培训开展系列课程并进行效果评估。最后,进行科研课程资源建设。将系列课程讲座视频挂在 T8 教师研修平台,供教师们再次消化吸收学习思考。全区受益教师超过 3 000 人次。

第四,开展片区个性化教师学习支持。目前,朝阳区教科所依据学区划分和课题研究现状,分成 13 个片区进行面向学校的科研自主服务与教师学习支持。每个片区的科研活动一周一次,由科研员依据"三个基于"预设主题。在此过程中,提升了科研员的引领能力,加强了与一线学校干部教师的协作,助力了学区科研资源建设,目前,开展覆盖 13 个片区的教科研活动超过 106 场次,通过面向片区课题实验教师的微讲座、学习研讨和个别辅导等,使课题研究教师全面系统地了解了课题研究的各个关键环节及注意事项,参与学习的教师超过 6 000 人次。

三、石景山区的教育科研管理

(一)课题立项情况

"十三五"以来,石景山区教师教育科研水平明显提升,共立项北京市教育科学规划课题 127 项,其中优先关注课题 1 项,重点课题 5 项,青年专项课题 5 项,校本研究专项课题 9 项,一般课题 107 项。

(二) 课题管理措施

第一,市区立项课题的全过程指导。石景山区教科所对所有市区立项规划课题实施了开题论证、中期指导、结题交流指导的全过程管理与指导。"十三五"期间,石景山区教科所对所辖市区课题指导多达 949 次,每名科研员每年指导课题 32 次。对市级课题指导达 387 次,题均接受指导 4 次。

第二,深入学校,开展"带题授课"现场指导活动。最受学校欢迎的是区教科所开展的"带题授课"现场指导活动。活动包括课题研究课、课题汇报、课题研讨等内容。每个课题都能得到半天的具体指导。石景山区教科所有专职科研员 6 人(含所长 1 人),分成文科组、理科组、综合组 3 个组实施课题指导。每次活动,石景山区教科所会邀请部分科研主任或科研骨干参与指导。四年间共开展带题授课活动 219 次。

第三,教育科研培训经常化。

(1) 了解教师需求,分层分类培训。分层体现在教师需求不同,研究阶段不同。针对没有开展过课题研究的教师,但又想从事课题研究的教师,区教科所开设了普及班;针对已有课题,但是又不知道如何开展研究的教师,区教科所开设了提高班。针对已成功开展过市基课题研究以及学校科研室负责人则采用任务驱动方式,带领他们形成石景山区教育科研指导团队,在任务中提升他们的科研评价与指导能力。分类体现在主题不同。依据研究不同层级,安排相应主题的培训。在普及班中,培训内容围绕课题申报相关要点开展;在提高班中,培训内容围绕如何开展研究和如何提炼研究成果开展。

(2) 个别指导,实现精准培训。每年一期教育科研方法普及培训班,为有意愿申报课题的教师提供理论和方法上的指导,特别针对申报市区规划课题开展个别指导,很多学员通过培训申报课题成功,从而走上了教育科研之路。每年一期教育科研方法提高班,针对已承担市区立项课题的课题负责人的培训班,个别指导中侧重如何进行科研数据的统计分析、如何提炼科研成果等,帮助课题负责人提高科研水平,顺利完成研究任务。

(3) 任务驱动,在研究与指导中锻炼能力。普及型科研班的任务主要是课题立项,提高型科研班的任务主要是取得科研成果、完成课题,教育科研骨干教师的主要任务则是在承担课题指导与评价中开阔视野提升思维能力。不同水平人员设置不同任务，在任务实践中锻炼创新型教师。

四、丰台区的教育科研管理

（一）课题立项情况

"十三五"以来，丰台区共立项北京市教育科学规划课题76项，其中重点课题5项，青年专项课题2项，校本研究专项课题6项，一般课题63项。

（二）课题管理措施

第一，创设良好的科研氛围。丰台区增设了科研骨干评选，优先考虑承担北京市级以上课题的教师，并增大了区级科研骨干教师的培训力度。

第二，定期分析与交流课题研究现状。加大中期检查的力度，聘请市区专家到学校进行面对面的沟通交流，及时了解学校课题的进展情况与困惑问题，及时分析并帮助学校解决问题。每学期召开课题的展示交流活动，要求区内学校的科研负责人参加。

第三，及时总结课题研究经验。每学期丰台区都会组织课题成果展示会。每次大型的研究实践活动完后，都会同研究人员根据事前的活动目的，针对活动中的收获以及存在的问题进行专题总结，并提出改进措施。

第四，加强课题资料的搜集、管理与应用。搜集整理资料尽量做到全面、及时、有用。丰台区会定期将教师们的研究资料整理印刷成册，并发放到学校，让教师们便于学习交流。

第六节　城市发展新区的教育科研管理

一、通州区的教育科研管理

（一）课题立项的基本情况

"十三五"以来，通州区共立项北京市教育科学规划课题63项，其中重点课题2项，青年专项课题3项，校本研究专项课题8项，一般课题50项。

第七章　规划课题管理的机制与经验

（二）课题管理措施

"十三五"期间，通州区以全面助力教育发展为总目标，以研学共振为指导思想，以需求为导向，以重点课题、重大项目为抓手，以体制建设为保障，坚持服务、管理、研究、指导四位一体的工作模式，提升教科研工作质量，促进区域教育发展。

第一，注重课题管理，引领科研走向规范。规范过程管理，保障研究进程；建立课题管理例会制度，督促课题按计划、保质保量开展研究；实行专家全程负责制，从立项、开题、中期检查到结题鉴定由固定的专家进行全过程跟踪指导，解决课题分研究阶段聘请不同专家指导所造成的研究思路冲突问题。

第二，基于"互联网＋课题管理"平台，实施有效管理。通过平台进行数据分析，获得不同课题类别、不同立项单位的比例信息，科学规划课题。通过网络化管理使整个区域的教育科研情况公开、透明，保证课题研究全部过程性材料的完整，解决学校科研主任人员变换带来的成果资源流失问题，实现资源共享和资源传承的最大化。针对特定选题进行主题式线上互动研讨，集思广益、群策群力，避免面对面交流时碍于面子，不讲实话的弊端。借助平台，建立互信互赖的协同研究关系，协同开展数据的挖掘、模拟、分析与整合，同时全程记录研究过程，促进科研人员的互动学习、交流共享。

第三，交流阶段成果，提升研究质量。重视中期检查的重要性，采用中期成果公开展示的方式监督研究方案的落实情况，帮助课题承担人反思研究历程，及时调整研究计划，为形成最终的高质量成果做铺垫。

第四，以教育智库为核心，形成课题管理特色。通州区高度重视教育智库在全面深化教育领域综合改革中的研究和咨询作用，自 2017 年起着手建设教育智库，目前已形成了研学大讲堂、教育热词研究、科研关注三足支撑的智库结构，并积累了大量的智慧解决方案。

（1）用教育热词把握研究方向。通州区教科所从人们普遍关注的教育问题和事情入手，开展教育热词的研究，涉及深度学习、校长职级制、大运河文化带等 30 个政策和学术热点。以教育热词为导向，通州区教育工作者和教育行政部门更加准确地掌握教育前沿热点，进行研究选题。

（2）用《科研关注》厘清研究思路。《科研关注》聚焦基础教育中的前沿问题与现象，从方法、策略、模式、体系四个维度增强教科研人员的素质。在实际操作中，教科所每天由一名专职研修员搜索教育核心期刊最新论文进行分析和推荐，为全区干部、教师提供科学、有效的研究方法和研究资料，使得科研人员的研究力得到明显提升。

（3）研学大讲堂构建理念平台。设立研学大讲堂，把国内外著名教育专家请进来，为教师进行思想开蒙，搭建理念对接的平台，引领教师的理论研究和教育实践。

二、顺义区的教育科研管理

（一）课题立项情况

"十三五"期间，共获批北京市教育科学规划课题 88 项，其中青年专项课题 7 项，校本研究专项课题 10 项，一般课题 71 项。

（二）课题管理的措施

第一，工作项目负责制。按照学段进行分布管理，横向上采取的是工作项目负责制，根据每位教师的专长领域等实际情况，各自负责不同项目，增强了教师的责任感，同时提高了其工作效率。市规划办课题管理由教科室主任直接抓，下设一名具体参与研修员，各学段负责课题研究过程指导。

第二，专题研修。立足研修中心研修一体、课程化研修的背景，提出"基于现场的课程化专题研修"。基于现场和专题体现在基于真实情境、构建研究场域、促进归纳式思维的生成等方面。每年都要对上一年度立项的市规划办课题进行研修性指导，通过听课、听汇报、交流、现场培训等方式加强课题研究和指导的力度与深度。

第三，成果带动。开展不同形式、不同内容的课题研究成果交流，改变以往开大会的方式、让更多一线教师分享和受益，比如按学段展开、按具体学科展开、按研究领域展开。对优秀的研究成果如区阶段性优秀成果、市教学成果奖等，通过开展交流会的方式宣传推广；通过顺义研修公众号，先后推出 17 项优秀成果微视频，通过碎片化的方式，了解和共享成果。

第四，兼职科研员聘任制。顺义区实行一年聘期制，且在聘任标准上、数量上进行了严格控制，现有 22 名中小幼科研领导被聘为兼职科研员，他们在课题研修活动、区域成果交流评审等活动中发挥了积极引领辐射作用。

第五，工作室带动。目前，顺义区科研工作室有三个，一个在区研修中心、两个在两所小学,每个工作室至少有 10 名科研骨干,他们在共同的主题下各自研究实践,在一定程度上工作室对课题研究起到了引领、带动作用。

三、大兴区的教育科研管理

(一)课题立项的基本情况

"十三五"期间,大兴区共立项北京市教育科学规划课题 83 项,其中优先关注课题 1 项,重点课题 1 项,校本研究专项课题 10 项,青年专项课题 8 项,一般课题 63 项。

(二)课题管理的措施

第一,强化管理,全过程跟进课题研究。大兴区立项的北京市规划课题由区科研室主任直接管理,并根据课题研究环节进行跟进,抓好过程监控。开题后,每年上半年,提示交科研征文;立项第二年集中组织中期检查;每年下半年科研周期间提示课题负责人参加成果展示活动;临近结题通过微信等形式提示成果发表;按年度提示结题时限。

第二,抓好培训,提升课题研究质量。分环节进行培训也是课题顺利进行的关键。课题立项后召开负责人会,解读管理办法,使之明确管理要求;组织其参加市区两级开题培训,明确开题要求及开题报告撰写方法;进行阶段自查培训,明确自查要求及自查报告撰写方法;进行结题培训,明确结题要求及结题报告、研究工作报告等撰写方法;为课题负责人提供中检、结题等报告文本,供撰写时参考。

第三,搭建评优、展示平台,促进成果的提升和转化。每年一次科研征文,要求每项课题至少上交一篇;每年科研周至少推荐一项课题进行现场成果展示。

四、昌平区的教育科研管理

(一)课题立项情况

"十三五"期间,昌平区共承担市级规划课题 78 项,其中重点课题 1 项,校本研究专项课题 13 项,青年专项课题 7 项,一般课题 57 项。

(二)课题管理机制

第一,层级培训机制。针对教育科研培训存在的阶段性、零散性等问题,开展教育科研培训系列化的实践探索,即根据研究阶段,开展选题、申报、方案设计、中期、成果总结等通识性培训;根据基层校需求,进行文献综述、调查研究、个案研究等专题性培训;根据骨干教师发展需要,组织高端培训,逐步推进昌平区教育科研培训科学化、规范化、系列化。

第二,跟进负责机制。全区的规划课题涉及各学段、多个研究领域,为了提升课题的创新性、系统性和规范性,在层级培训的基础上,昌平区更加注重对课题负责人从申报到开题、中期、结题的延续性跟进指导,从科研的角度指导教师找准研究问题、设定研究目标、分解研究内容、选择研究方法、设计研究步骤、梳理研究成果,强化提升研究质量。

第三,典型示范机制。在实验幼儿园、回龙观中心小学、流村中学分别组织各学段的市级规划课题成果展示交流活动,组织教育科研优秀论文评审、课题成果评审、教育教学成果评审和推介活动,编辑优秀科研成果集,通过多种形式、多种活动提升教师的成果转化意识。

第四,平台增效机制。专职人员负责市科研平台的管理工作,所有课题实现平台留痕、存储、审核等网上管理,增强了教育科研管理与专业服务的针对性、全面性和科学性。

五、房山区的教育科研管理(含燕山地区)

(一)课题立项情况

"十三五"期间,房山区教科研室管理全区教师承担的42项市规划课题,其中校本研究专项课题10项,青年专项课题3项,一般课题29项。燕山地共立项市级规划课题18基,其中校本专项课题6项,青年专项课题2项,一般课题10项。

(二)课题管理措施

第一,优化课题管理规程。持续规范课题管理的关键点,规范课题的立项、开题、研究、中期检查、再研究、结题等关键环节。优化课题研究的融通点,完善课题集群和项目集群,建设研究共同体,众筹智慧、合力攻关;找准课题指导的着力点,规范开展科研视导,引导学校开展基于核心问题的深度研究;丰富课题展示的支撑点,搭建科研成果展示平台等。

第二,创新科研管理机制。启动"房山区中小学、幼儿园教育科研视

第七章 规划课题管理的机制与经验

导"计划,紧紧依托 14 个联片组,充分发挥组长校的引领、带动作用。探索"市—区—片—校"四级联动机制,完善片区共同体联研共享机制,建立系列科研视导长效机制等,聚焦学校科研管理优化、教师科研素养提升、校本科研实践、指导教师开展规范的市区课题研究等关键问题解决,整体提升区域科研水平。

第三,建设多维展示平台。一是持续用好市级"智慧云讲坛",开展好区级"科研讲坛",为基层学校提供更多的展示机会;二是设置区级"课题成果征集月"和"科研展示月",并将每年 5 月定为教育科研成果征集月,重点针对市区级规划课题成果的征集和评审;将每年 12 月定为房山区教育科研主题展示月,并形成长效机制;三是依托 14 个教育科研联研共同体开展"科研分论坛"活动,让更多的一线教师走进教育科研,提升教师的科研专业素养。

第四,构建系列培训课程。根据课题研究的重要节点和关键问题解决,研发培训课程,包括市级专家的引领式课程、区级教研员指导式课程、科研管理者案例式课程,逐渐形成宏观—中观—微观层层落地的课题研究培训体系。

(三)燕山地区的课题管理措施

课题申报阶段,积极动员组织学校教师申报市规划课题,对年度课题指南和课题管理办法进行解读,帮助教师理解和明晰相关要求和课题研究的方向。同时,对学校科研负责人进行课题管理的流程和要求进行培训。开题论证阶段,聘请高校专家来燕山进行会议开题,要求全地区的科研主任和市区级课题负责人参会。中期检查阶段,组织会议对市规划相关课题进行中期检查交流活动。课题结题阶段,对课题的结题材料进行跟踪指导和个别辅导,积极支持和促进课题的顺利结题。

第七节 生态涵养区的教育科研管理

一、平谷区的教育科研管理

(一)课题立项情况

"十三五"期间,平谷区共承担 12 项北京市"十三五"教育科学规划课题,其中校本研究专项课题3项，一般课题9项。

（二）课题管理措施

"十三五"期间，平谷区教育科研管理实现了两个转变：一是实现了从"全面性"向"精准性"转变；二是实现了从"重数量"向"重质量"转变。

第一，制订科研培训计划，打造优秀科研管理团队。一是注重组织科研管理人员开展科学、系统、有序的理论学习；二是搭建科研学习平台，利用多种途径为各校科研人员搭建科研学习平台。

第二，严控科研管理流程，实施精准化科研管理。

（1）制定科研管理制度。平谷区利用《平谷区教育委员会关于进一步加强教育科研工作的指导意见（试行）》《平谷区教育科学规划课题管理办法》《平谷区基础教育教学成果奖评审奖励》等管理文件，对各单位教育科研工作做出具体、规范的要求，对成果的认定及其奖励赋分标准做出详细的规定。

（2）做好课题选题指导。课题研究前，依据市级课题指南，平谷区先做好符合区情的课题指南，下发后，学校课题申报人员再结合本校实际，确定好个人课题的研究范围，然后进行题目的选定。

（3）抓好课题立项管理。改变"以数量论英雄"的绩效考核倾向，走教育科研的内涵式发展道路；适度控制立项数量，改变以往求多求全的工作思路，求精求质，把好课题立项的质量关，严控课题数量，保证优质选题；把握好各类课题的研究重点，避免出现重复性研究，优先选取一线教育教学工作中的实践研究，从而更好地提高课题研究的整体水平。

（4）加强研究过程管理。针对科研课题过程不实的现象，注重每个学期的课题督导，利用课题督导，对每一个课题研究过程的具体环节、开展过程、资料收集等都有具体的指导和明确的要求。

（5）强化科研成果推广。结合平谷区教育科研工作实际情况，开展平谷区优秀教育科研成果评审和推广工作。通过评优和推广活动，不仅发现选拔了一批科研带头人，更进一步推动了平谷区教师教育科研工作的开展。

第三，构建协同研究衔接体系，实现优秀管理资源共享。

（1）相关管理课题形成任务联动。构建以协同研究为特征的衔接体系，能够更好地推动课题管理工作的整体贯通。近年来，平谷区在科研管理工作中通过课题产生联动，抓好科研管理人员的科研管理水平，使科研工作真正落地，

第七章 规划课题管理的机制与经验

走到实处。

（2）课题组各成员间形成课题研究联动。在课题研究中，课题组成员从自身学校特点出发，依据总的科研管理指导方针，找出本校各自科研管理方向，形成独特且有见地的科研管理办法。在研究中，平谷区引导各课题组成员构建协同研究衔接体系，组织观摩；课题组成员交流各校科研管理成功经验，互相学习，借此推动基础教育科研管理工作的整体提升。

第四，关注教师主动发展内驱力，激活教师职业教育幸福感。在科研管理中，平谷区通过专业的科研培训、完善的科研管理、扎实的课题指导、严谨的课题研究来带动教师解决教学中的疑难问题，使教师在教学中不仅是一个教书匠，更是一名研究者，从而激活教师主动发展的内驱力，促进教师的专业化发展，使教师获得职业幸福感，切实提升平谷区基础教育科研管理的有效性。

二、门头沟区的教育科研管理

（一）课题立项情况

"十三五"期间，门头沟区共立项北京市教育科学规划课题40项，其中重点课题1项，一般课题31项，青年专项课题3项，校本研究专项课题5项。

（二）课题管理措施

门头沟区坚持"教研、科研、课程、德育、培训""五位一体"的工作思路开展学校工作。教育科研工作由原来独立的职能部门——教科所全面负责转化为由学科研修员承担指导、培训、研究职能。同时，设管理人员1人，由其负责日常事务性科研管理工作。就市规划课题而言，主要为组织市级课题申报，督促课题依照市级要求开题，进行中期检查管理，督促结题提交材料等。同时，组织区级各学校参加市规划课题的开题、结题专题培训等。市级规划课题的区级层面指导与交流主要由课题负责人聘请市区级学科专家开展具体的研究与研讨。其中，绝大多数课题采取校内形式开展研讨交流。也有部分课题借助自身优势，开展其他层面的研讨交流、成果交流等。

三、怀柔区的教育科研管理

（一）课题立项情况

"十三五"期间，怀柔区共承担市级规划课题31项，其中重点课题1项，校本研究专项课题 4 项，一般课题 26 项。

（二）科研管理措施

第一，完善科研管理机制，科研管理工作日趋规范化、制度化。

（1）怀柔区建立和完善了教育科研管理制度。制定了《怀柔区中小学教育科研工作评价评分量表》，还制定了《怀柔区"十三五"教育科学规划课题管理办法》《怀柔区科研骨干班培训计划》。这些条例、方案的制定，有效地促进了怀柔区教育科研工作的开展，科研工作日趋呈现制度化和规范化。

（2）强化区、市、国家各级各类科研课题的常规管理。对各级各类科研课题的申请、开题、研究、结题等环节进行有效的指导和培训。按照怀来区颁布的《怀柔区中小学教育科研工作评价评分量表》给每一项课题建立了独立的档案，收集和整理从开题到结题每一阶段的研究资料，为各项课题的常规管理制度化、规范化奠定了基础。尤其是对市级以上的规划课题，更加注重研究的过程性资料的收集工作。每学期对各级课题的研究情况进行检查和指导，并有较为详细的记录。

（3）规范课题管理流程。根据区内实际情况，将课题申报、课题立项、课题开题、研究过程、课题中期、课题结题等工作流程进行公示，让区内每位教师心中有数，清楚本区科研工作流程，便于学校、教师在推进教育教学改革、教师专业成长、教学质量提升等方面开展研究，从而提高学校领导、教师的研究意识、问题意识。

第二，构建"区—市—国家"三级课题研究体系，科研氛围浓厚。区规划办指导广大教师积极承担和参与各级各类科研课题的研究，基本上形成了"校校有课题、人人有重点、年年出成果""以国家、市、区重点课题为龙头带动全校教育科研"的教育科研氛围。区规划办实施规范的科研管理，每学期制订科研工作计划，按计划开展科研活动。

抓过程管理，主要环节求实，将课题研究的每一个环节做实，抓主要环节，主要抓课题立项、研究过程和课题结题。

（1）抓立项："十三五"以来，针对教育热点问题、教育教学改革、教师专业发展等方向确定课题指南，制定《怀柔区"十三五"教育科学规划课题管理办法》。对初步批准立项的课题进行分层开题和培训，将符合区内实际、有研究价值的 20 项课题列为重点课题，邀请市级相关部门以及兄弟区县有经验的专家对区级重点课题进行开题论证，区教科所科研员对区级一般课题进行开题论证，并要求课题负责人在开题论证会一周后，对按照专家意见修改后的开题报告进行二次上交，根据开题报告的实际情况将研究课题立项名单进行公示，保证课题研究有一个切实可行的计划，为做好课题打下基础。与此同时，每次开题论证即一次培训，怀柔区要求课题组负责人、主要参与人员以及区内有共同研究方向的教师参加开题论证会，与专家进行面对面交流，反思自己的课题，提高其科研能力。

（2）抓过程：一是课题参与教师要填写《怀柔区教育科学规划"十三五"课题研究手册》（以下简称"《研究手册》"），每位参与教师每学期填写不少于2次，对参与课题研究活动的目标、内容、效果等进行反思，让参与教师真正参与到研究中来，对活动设计方案、课堂实录、论文、案例、反思等所有与课题相关的资料进行积累，为课题中期、结题做好准备。二是带题授课，使科研最大限度地融入教师的常态教学，贴近教师、贴近教学实际。三是每学年第二学期进行课题中期检查，尽最大努力做到每一个课题在中期研究过程中面对面的指导一次，使得课题研究落到实处，保证课题研究的质量。

（3）抓结题与推广：对申请结题的课题，怀柔区严把结题关，突出研究过程的管理，将《研究手册》作为过程性材料列为必交材料，严格执行"自我评估、结题申请、完善总结、成果鉴定"的工作程序，对于完成研究目标、有研究成果的课题准许结题及进行推广。加强科研课题成果的推广力度，建立课题成果推广的长效机制。怀柔区坚持"持续研究""滚动研究"的理念，不仅注重各级各项课题研究的过程，将科研与教学结合起来，更重视科研成果的总结与推广，形成研训一体的格局。定期举办区、市级科研课题成果交流活动。

四、密云区的教育科研管理

（一）课题立项情况

"十三五"期间，密云区共承担市级规划课题30项，其中校本专项8项，青年专项1项，一般课题21项。

（二）教育科研管理措施

1. 精心指导，组织课题申报。组织和引领基层学校根据当前课程改革的发展趋势及学校存在的实际问题申报市区级科研课题,在研究中解决问题,促进学校的内涵发展,提高学校的整体办学质量。

2. 多措并举,做好科研培训。(1)借力市级培训,积极组织教师参加市级科研培训及示范活动,提高教师的科研水平;(2)扎实区级培训,根据密云科研工作实际和工作特点,进行多层面、多角度、多形式的区级培训,提高教师的教科研水平,推动基层学校科研工作,促进全区科研发展;(3)开展视导培训,了解基层学校的实际情况,一对一进行实地进行有针对性的微培训,促进学校科研工作的开展;(4)借助研究培训,选择典型课题进行课题研究活动,介绍课题阶段性成果,供大家进行研讨交流;(5)组织示范培训,组织课题管理示范会,如开题论证、中期检查、结题鉴定等,提高研究水平和管理水平。

3. 建章立制,规范科研管理。重视建立各种规章制度,从选题、申报、评审、立项到鉴定与推广等,通过制度规范学校教育科学研究项目。如《密云区"十三五"教育科研课题管理办法》《密云区教育科研课题申报制度》《密云区教育科研课题审批制度》《密云区教育科研优秀论文评选制度》《密云区科研先进评选制度》《密云区科研成果评选制度》《密云区优秀科研成果推广制度》《密云区教育科研联系人制度》等,从而更好地发挥教育科学研究对学校教育改革与发展的推进作用,不断促进教师的专业化发展。

4. 真抓实干,细化研究过程。(1)强化责任,开展中期检查。深入中小学进行课题的指导和中期检查,了解学校教育与课堂教学,了解教师,了解学生,发现教育教学实际中存在的问题,探寻教育教学中的科研问题。(2)严格要求,规范课题结题。深入学校听取课题组关于研究过程的汇报,同课题组成员一起梳理课题研究过程,提炼课题研究成果、撰写课题研究报告。

5. 搭建平台,同类合作共享。(1)组织承担市级科研交流。发挥优秀科研成果在教育教学中的示范和引领作用,承担北京教科院基教所组织的"聚智云讲坛"——"科研助力学生学习"系列讲座第 14 次活动。精选 3 个优秀科研成果在会上进行交流。(2)组织召开区级科研交流。每学期都要组织 1—2 次活动,推广基层学校阶段性研究成果。既展示了基层学校课题研究的优秀经验和阶段成果,又为其他学校的课题研究提供了学习和借鉴的机会,促进了我区科研工作的整体进展。

五、延庆区的教育科研管理

（一）课题立项情况

"十三五"规划期间，延庆区共立项北京市规划课题56项，其中校本研究专项课题5项，一般课题51项。

（二）课题管理的基本做法

第一，遴选优秀的区级申报课题参加市级申报。在每年12月进行的区级规划课题申报评审过程中评选出优秀的申报题目推荐申报市规划课题，同时在接到市规划课题申报通知以后，通知到各单位，所有人自愿申报，在自愿申报的基础上根据指标个数选取定量一般课题，其他类别的课题符合条件者自行申报，在确定完一般课题人选以后，区内每年组织一般课题申报的教师进行申报书填写的培训，针对每个人的不同问题还有个别辅导相结合的方式进行开网前申报的修改，近两年来市里组织了课题申报的培训会，根据人员情况按规定选择更需要听取培训的教师参与市级层面的培训会，以保证申报书的质量。

第二，结合区域、地域特色开展课题研究。延庆区太平庄小学校本研究专项课题《滑冰特色学校建设的实践探索》的研究成果《"滑动四季"特色综合实践活动》发表在《体育教学》杂志2018年3月刊上，《开辟资源，多方引智，农村小学如何破解上冰雪难题》发表在《学校教育研究》杂志2018年7月刊上。学校举办"一校一品一特色"观摩活动、市级课题研讨活动。太平庄小学先后获得北京市市级冰雪运动特色学校称号和奥林匹克教育示范校称号，全国冰雪运动特色学校称号和奥林匹克教育示范校称号。课题负责人丁建培在京津冀中小学奥林匹克教育及校园冰雪运动推广经验交流研讨活动中做《农村小学助力三亿人参与冰雪的滑冰运动实践》主题发言、在北京市中小学生课外活动模式创新与应用研究课题推进会中做《从课外活动实践探索到奥林匹克教育大放异彩》主题发言，在全市乃至京津冀地区近400所学校中起到辐射、示范作用。

结 束 语

"十三五"规划期间，教育领域大事多、喜事多，全国教育大会、北京教育大会、全国教育科研工作会顺利召开，《首都教育现代化 2035》发布，《教育部关于加强新时代教育科学研究工作的意见》印发，为首都教育科研事业发展提供了方向指引，对北京市教育科研及管理工作做出了新指导，提出了新要求。北京市教育科学规划办在市委市政府的领导下，坚持教育科研工作为政府决策服务、为提高首都教育现代化水平服务、为提升教育质量服务、为繁荣教育科学服务的指导思想，通过组织"十三五"教育科学规划的实施，在促进首都教育公平、优质、创新、开放，办好人民群众满意的首都教育中发挥了重要支撑作用。

五年间，在科研经费的有力保障下，在科研人员的努力下，规划课题围绕首都教育改革与发展中的基础性、全局性、战略性、前瞻性问题开展研究，在基础理论研究、教育政策研究、教育教学实践研究等方面取得了一批重要的成果，提高了教育决策的科学化水平。据不完全统计，2016—2020 年北京市教育科学规划课题共发表学术论文 2 290 余篇，出版著作 220 余部；同时产生了大量有实践影响力的研究报告、论文、著作、课件、教具、数据库等多种形式的研究成果。跨领域、跨学科、跨系统的协同研究也日益增多。依托北京市教育科学规划课题的研究成果在第三届国家基础教育教学成果奖、第五届北京市基础教育教学成果奖评选中取得喜人的成绩。通过参与各级各类课题研究，越来越多的领导、校长和教师认识到教育科研在教育改革发展中的基础性地位，认识到教育科研"创新理论、服务决策、指导实践、引导舆论"的重要功能，科研兴教、科研兴校、科研兴师、科研兴学的观念日渐深入人心，涌现出一批有影响的专家型校长和教师、一批以校本研究为载体的特色学校，为首都教育科研工作注入了活力。

"十三五"时期，北京市教育科研工作所取得的成绩是显著的，然而面对首都教育改革与发展的新形势、新要求，尤其是与国际教育先进水平相比，北京市教育科研工作在财力投入、体制机制建设、科研管理效益、队伍素养提升、成果数量质量、成果推广应用等方面还存在一定的差距。面向未来，首都教育科研工作要进一步加强顶层谋划，不断提升教育科研质量与教育科研管理效益。

第一，要明确科研工作基本思路，引领教育科研事业发展。"十四五"规划期间，北京市教育科学规划要立足国家与北京市中长期教育改革与发展规划、立足首都城市实际和教育现代化建设的阶段性特征、立足教育部新时代教育科学研究工作要求、立足首都教育科研发展实际，教育科研工作要更加贴近教育政策、学科发展和教育实践的需求。研究领域和方向要着力把握学科发展前沿和实践改革前沿，突出针对性、前瞻性、时代性、包容性和导向性。研究选题要以教育改革和发展的重大理论与实践问题为主攻方向，重视基础研究，突出实验、应用研究，鼓励跨学科综合研究，注重区域协同研究。以高质量的《北京市"十四五"期间教育科学研究规划纲要》与年度课题指南引领全市教育科研事业发展。

第二，要进一步优化课题管理流程，提升科研管理效率。为适应首都教育科研事业发展面临的新形势、新要求，针对"十三五"期间反馈的问题与不足，结合课题管理中发现的不足，进一步优化课题管理流程，做到主次分明、重点突出。进一步深化"放管服"改革，依据"共同但有区别"的管理原则，简化申报流程，规范评审过程，优化开题、中期、结题管理。明确规划办、受托管理机构、课题负责人所在单位的管理职责、权限，清晰界定规划办、受托管理机构的管理重点，切实发挥规划办的引领功能。

第三，要充分调动研究者积极性。要优化经费资助方式，将"一次核定"的方式调整为课题"研究资助"与"奖励资助"相结合的方式。"研究资助"为保障课题研究的基本经费，"奖励资助"依据课题类别、课题结题鉴定等级综合权衡制定奖励标准。对研究过程规范、研究成果质量较好的"一般课题"进行"后期奖励资助"；增设"延续资助类课题"，支持选题有价值，成果较突出的结题课题开展长期深入研究。以期通过这些措施进一步调动科研人员的积极性，营造更加向上的科研氛围。

第四，要发挥受托管理机构课题孵化与组织管理作用。受托管理机构是各区教育科学规划课题的组织者,也是北京市教育科学规划课题组织管理的重要环节,发挥着区域课题组织申报、培训指导、监督管理等重要职责。受托机构的组织水平会影响到整个区域的课题申报质量及结题水平,部分受托管理机构在课题孵化、课题研究过程指导等方面的经验值得借鉴、推广。"十四五"期间,要进一步发挥受托管理机构的作用,通过多种方式规范各区的课题组织管理,建立相应的奖励支持措施,引导各区加大区域高质量课题的孵化力度,严格课题申报、立项的把关环节,从而整体提升北京市教育科学课题的研究水平。

第五,要强化科研保障能力建设,内强素质外塑形象。要加强教育科研的保障能力建设,进一步提高管理人员的管理素养和管理能力,强化服务意识、研究意识,塑造良好的形象。要提高科研经费的使用绩效和科研成果的效益,积极回应科研人员的关切问题,保障科研经费产出最大的效益;要进一步完善教育科研管理系统,在保障课题管理质量与效益的前提下,简化程序,提高用户体验;要进一步完善教育科研管理制度,确保制度"全而精",各项管理工作做到有规可依、有规必依;要进一步提高专家库建设的专业化和规范化,在评审、鉴定、指导等工作中遴选到最为适切的专家团队,为北京市教育科学规划管理工作提供智力支持;要提高管理人员的责任意识、服务意识和管理能力,树立良好形象,展现首都教育科研管理人员的专业能力和水平。

第六,要积极探索各种有效途径,扩大教育科研成果影响。要坚定不移地坚持质量导向和成果导向,积极探索各种有效措施,提高课题研究的质量、提高科研成果的质量,切实抓好教育科研从理论生产到成果转化的衔接,发挥教育科研创新理论、服务决策、指导实践的功能。继续推进《北京市教学规划课题研究成果快报》的编印工作,服务政府教育决策与教育教学实践;做好结题鉴定结果为"优秀""良好"课题的网站宣传推广工作;积极探索理论研究与实践研究类成果的宣传推广方式;深入基层单位,了解其科研成果宣传推广的措施,谋划合作方式,建立合作机制,策划优秀科研成果推介会;制定成果宣传推广的激励措施,调动成果持有者与受托管理机构宣传推广研究成果的积极性。